Reiner Knieling
Unsicher –
und doch gewiß

Reiner Knieling

# Unsicher – und doch gewiß

Christsein in der Postmoderne

Aussaat Verlag

ABC-team Bücher erscheinen in folgenden Verlagen:
Aussaat Verlag Neukirchen-Vluyn
R. Brockhaus Verlag Wuppertal und Zürich
Brunnen Verlag Gießen und Basel
Christliches Verlagshaus Stuttgart
OnkenVerlag Kassel und Wuppertal

© 1999 Aussaat Verlag
Titelgestaltung: Hartmut Namislow
Satz: Graphische Werkstätten Lehne GmbH, Grevenbroich
Druck: Nørhaven A/S, Viborg
Printed in Denmark
ISBN 3-7615-3634-8
Bestell-Nr. 113 634

# Inhalt

**Vorwort** . . . . . . . . . . . . . . . . . . . . . . . . . . . . . . . .   7

**I.   Unsicherheit als postmoderne Chance** . . . . . . . . .   9
1.   Siehe, jetzt ist die Zeit der Gnade, siehe, jetzt ist
     der Tag des Heils (2. Korinther 6,2) . . . . . . . . . . . . .   9
2.   Unsere Zeit – moderne und postmoderne Kultur  . .  12
3.   Umkehr als Chance zur Veränderung . . . . . . . . . . . .  14

**II.   Glaube braucht konkrete Schritte** . . . . . . . . . . . . .  15
1.   Grundentscheidung . . . . . . . . . . . . . . . . . . . . . . . . .  16
2.   Vorbilder im Neuen Testament –
     Ermutigung und Ernüchterung . . . . . . . . . . . . . . . . .  18
3.   Menschlich in der Bibel lesen . . . . . . . . . . . . . . . . . .  25
4.   Mut zum Bruchstückhaften im Beten und Tun
     des Gerechten . . . . . . . . . . . . . . . . . . . . . . . . . . . . . .  27
5.   Wechselwirkungen von Beten und Tun des
     Gerechten . . . . . . . . . . . . . . . . . . . . . . . . . . . . . . . . .  34
6.   Konstruktiv streiten . . . . . . . . . . . . . . . . . . . . . . . . .  36
7.   Ausdrucksformen des Glaubens –
     nicht Bedingungen des Christseins . . . . . . . . . . . . . .  38

**III.   Berühren, was Menschen bewegt –
        Evangeliumsverkündigung für postmoderne
        Menschen** . . . . . . . . . . . . . . . . . . . . . . . . . . . . . . .  41
1.   Postmoderne und andere Entdeckungen in
     Matthäus 28,16-20 . . . . . . . . . . . . . . . . . . . . . . . . . .  41
2.   Zeugnis im Dialog . . . . . . . . . . . . . . . . . . . . . . . . . . .  48
3.   Jesus auf dem Markt der Wahrheiten . . . . . . . . . . . .  51

4.  Warum Christen als Zeitgenossen und Zeugen
    nicht Pächter der Wahrheit sind ................ 55
5.  Sünde benennen und Fähigkeiten würdigen ...... 56

**IV.  Eine Kirche, die ihre Distanz zu den
    Menschen überwindet** ...................... 67
1.  Wie einzelne Gemeinden ihre Distanz zu
    Menschen überwinden ...................... 69
2.  In Foren verhandeln, was Menschen berührt ..... 75
3.  Paradigmenwechsel – Emmaus statt Damaskus ... 78
4.  »Kirchendistanz« statt »Kirchendistanzierte« ..... 81
5.  Plädoyer für eine neue »deutsche Messe« ........ 83

**V.  Verwurzelung des Evangeliums in postmoderner
    Kultur** ...................................... 87
1.  Der Prozeß der Inkulturation im Spiegel
    biblischer Entdeckungen ..................... 87
2.  Die kulturelle Prägung des eigenen
    Glaubens wahrnehmen ...................... 90
3.  Postevangelikale und postliberale Christen ....... 99

**VI.  Aussprechen, was in uns ist –
    Psalmen neu entdecken** ..................... 103

**Literaturverzeichnis** .......................... 111

# Vorwort

»Wer versteht denn noch, was wir heute im Gottesdienst gesungen haben!« Das sagen die einen und wenden sich irgendwann ab von den traditionellen Formen. »Ihr mit euren neuen Liedern. Die haben doch gar keinen Tiefgang!« sagen die anderen und können nicht verstehen, daß immer mehr Menschen Schwierigkeiten mit dem haben, was ihnen selbst doch allzu vertraut und lieb geworden ist.

Darin spiegelt sich der Umbruch von der Moderne zur Postmoderne (zur Erklärung der Begriffe vgl. Kapitel I.). Formen, die bisher gut waren, verlieren an Bedeutung. Christliche Inhalte, die bisher berührt haben, was Menschen bewegt, werden zunehmend weniger beachtet. Das mag mit der Torheit des Evangeliums zusammenhängen. Es hängt auch damit zusammen, daß wir Christen mit unseren Inhalten und Formen in der Postmoderne noch nicht wirklich angekommen sind. Wie können neue Formen gefunden werden, in denen der christliche Glaube postmodern ausgedrückt werden kann? Wie können die Inhalte des Evangeliums gefunden werden, die das treffen, was Menschen umtreibt? Wie kann das Evangelium in postmoderner Kultur verwurzelt werden, ohne seine Identität als Evangelium zu verlieren?

Diese Fragen nehme ich im vorliegenden Buch auf. Es ist aus verschiedenen Vorträgen entstanden, so daß die einzelnen Kapitel je für sich gelesen werden können. Viele Abschnitte eignen sich auch als Anstöße für Haus- und Gesprächskreise.

Ich wende mich mit diesem Buch an alle, die an einer Glaubenspraxis interessiert sind, die zugleich zeitgemäß und evangeliumsgemäß ist, oder besser: die die postmoderne Kultur aufnimmt und mit dem Evangelium durchdringt. Deshalb wende ich mich auch an diejenigen, die das Evangelium in irgendeiner

Weise weitergeben – im persönlichen Gespräch, in der Seelsorge, in Andachten, Bibelarbeiten und Predigten.
Wenn ich häufig in der Wirform schreibe, geht es mir nicht um Vereinnahmung, sondern darum, daß ich mich selber einbeziehe.

Wuppertal, im Juni 1999                                    Reiner Knieling

*Unser Kopf ist rund,*
*damit das Denken*
*die Richtung wechseln kann.*
*(Francis Picabia)*

# I.  Unsicherheit als postmoderne Chance

## 1.  Siehe, jetzt ist die Zeit der Gnade, siehe, jetzt ist der Tag des Heils (2. Korinther 6,2)

Die einen bringen es zu etwas: Haus, Mittelklassewagen, Urlaub in der Karibik.

Die anderen fühlen sich ausgegrenzt. Klamotten zum Angeben können sie sich nicht leisten, auch keinen Urlaub. Und die Frage, ob sie mit ins Kino gehen, müssen sie verneinen: Geldmangel.

*Gottes Verheißung ist: Siehe, jetzt ist die Zeit der Gnade, siehe, jetzt ist der Tag des Heils.*

Menschen fühlen sich zunehmend einsam. Partnerschaften zerbrechen. Viele bekommen das Gefühl nicht los, gescheitert zu sein.

*Gottes Verheißung ist: Siehe, jetzt ist die Zeit der Gnade, siehe, jetzt ist der Tag des Heils.*

Die einen haben Arbeit, manchmal mehr als genug. Sie ist Broterwerb und Bestätigung, schafft Anerkennung und Ansehen. Andere haben keine Arbeit. Damit fehlt ihnen der eigene Broterwerb. Und Bestätigung, Anerkennung und Ansehen sind deutlich reduziert.

*Gottes Verheißung ist: Siehe, jetzt ist die Zeit der Gnade, siehe, jetzt ist der Tag des Heils.*

Hauptberufliche in der Jugendarbeit erleben: Ihre Vollzeitarbeit wird auf einmal nur noch mit 75 % bezahlt. Die Kirche hat kein Geld mehr. Verschlankung heißt das und ersetzt Visionen.

*Gottes Verheißung ist: Siehe, jetzt ist die Zeit der Gnade, siehe, jetzt ist der Tag des Heils.*

Wie sollen wir unsere Zeit beschreiben? Was sind Kennzeichen unserer Zeit? Ich könnte jetzt vieles aufzählen. Und die Aufzählung hätte so schnell kein Ende . . .

Das ist vielleicht gerade das Kennzeichen unserer Zeit: Viele verschiedene Beobachtungen stehen nebeneinander. Wir wissen nicht so genau, wie die Dinge zusammengehören. Jeder lebt in seiner Welt und kennt wenig von der Welt des anderen. Wer Arbeit hat, kann sich schlecht in Arbeitslose hineindenken und -fühlen. Wen Geldsorgen drücken, der wird über Geldanlagesorgen nur den Kopf schütteln. Daß hauptamtliche Mitarbeiterinnen und Mitarbeiter in der Gemeinde auf ihre freien Tage Wert legen, irritiert manche Ehrenamtliche, die sich voll engagieren. Daß Ehrenamtlichen Verbindlichkeit nicht verordnet werden kann und darf, ist für manche Hauptamtliche schmerzlich, gerade wenn Mitarbeiterinnen und Mitarbeiter fehlen.

Verschiedene Welten existieren nebeneinander. Die Vielfalt der Beobachtungen, die wir tagtäglich machen, läßt sich häufig nicht in Vertrautes einfügen.

Das alles führt zu einem Gefühl der Unsicherheit. In den verschiedensten Situationen stellt sich uns die Frage: »Was ist das Richtige?« Häufig müssen wir uns entscheiden, ohne genau zu wissen, was das Richtige ist. – »Welches Auto soll ich kaufen?« – »Was ist der richtige Beruf, wenn ich meinen Traumjob schon nicht bekomme?« – »Soll ich mich auf eine dauerhafte Partnerschaft einlassen? Will ich das? Wie kann eine dauerhafte Partnerschaft gut gelingen?« – »Wie kann Kindererziehung gelingen? Wie kann ich klare Grenzen setzen? Wieviel Zuwendung kann ich geben, wie sehr darf ich auf mich schauen?«

Das Gefühl der Unsicherheit entsteht durch die vielen Fragen, die wir zu entscheiden haben. Es entsteht auch durch Sorgen, die uns bedrücken: »Reicht das Geld für einen gebrauchten Wagen?« – »Wie lange werde ich meinen Arbeitsplatz noch behalten?« – »Wird die Partnerschaft halten?« – »Was wird aus unseren Kindern werden?«

Manchmal ist mit der Unsicherheit ein Gefühl diffuser Angst verbunden. »Wo soll das alles noch hinführen?« fragen wir uns.

Gleichzeitig wächst verständlicherweise die Sehnsucht nach Gewißheit, nach Orientierung, nach Hilfestellungen für das alltägliche Leben. Wie aber kann solche Gewißheit, Orientierung, Hilfestellung aussehen, daß sie nicht zu Engstirnigkeit und Fundamentalismus führt, sondern den Blick für den weiten Raum öffnet, auf den Gott unsere Füße stellt (Ps 31,9).

Gottes Verheißung ist: Siehe, jetzt ist die Zeit der Gnade, siehe, jetzt ist der Tag des Heils. Das entlastet. Gottes Verheißung ermöglicht, die Vielfalt der Beobachtungen zuzulassen, ohne sie gleich verstehen zu müssen. Vieles steht nebeneinander und kann nicht gleich erklärt werden. Die Verheißung, daß die gegenwärtige Zeit Zeit der Gnade Gottes ist, hilft uns, mit gewisser Gelassenheit und mit Phantasie nach Wegen zu suchen, wie Christsein in dieser unübersichtlichen Zeit gelingen kann. Darum geht es mir in den einzelnen Kapiteln dieses Buches.

Zuvor nehme ich die Frage noch einmal auf: Wie können wir unsere Zeit beschreiben?

## 2. Unsere Zeit – moderne und postmoderne Kultur

Von vielen wird die gegenwärtige Zeit als Zeit des Umbruchs beschrieben. *Postmoderne* ist das Schlagwort, mit dem die neue Zeit benannt wird, die Zeit *nach (post) der Moderne* also. Dabei sind die Grenzen zwischen Moderne und Postmoderne fließend. Und beide Zeiten prägen unsere Lebenswirklichkeit. Grob können Moderne und Postmoderne so unterschieden werden: Moderne ist die Zeit der Aufklärung und der Vernunft. Überkommene Vorstellungen werden hinterfragt. Die *Leitfrage* ist: *Was ist wahr?* Dabei geht es um ein Wahrheitsverständnis, das den Gesetzen dieser Welt verpflichtet ist. Als wahr wird anerkannt, was erforschbar, meßbar, nachprüfbar, wenigstens vernünftig vorstellbar ist.

In den letzten Jahrzehnten ist allzu deutlich geworden, daß diese Denkmuster an vielen Stellen nicht ausreichen, um eine komplexe Welt zu beschreiben und zu verstehen. Freilich, ein Wolkenkratzer muß immer noch nach den vernünftigen Gesetzen der Statik gebaut werden. Doch damit ist noch nicht die ganze Wirklichkeit beschrieben. Das zeigt sich zum Beispiel im Bereich der Medizin. Die sog. Schulmedizin beschreibt zweifellos wichtige Zusammenhänge und Funktionen des menschlichen Körpers. Doch mehr und mehr setzt sich die Erkenntnis durch, daß ergänzende Perspektiven einbezogen werden müssen: Welche Wechselwirkungen zwischen Leib und Seele spielen eine Rolle? Welche Zusammenhänge zwischen Lebensstil und Krankheitsbild oder Gesundheitsförderung sind wichtig? ... Eine entscheidende Entdeckung im Zusammenhang mit diesen Fragen ist: Es gibt mehrere Ursachen für eine Wirkung. Das heißt: Um ein Problem zu lösen, können oder müssen in der Regel mehrere Dinge verändert werden. Bei einer Krankheit z. B. ist notwendige Medizin *ein* entscheidender Beitrag zur Genesung. Genauso wichtig sind möglicherweise eine Veränderung des Eßverhaltens oder des Lebensrhythmus'.

Die *Frage der Postmoderne* ist: *Was hilft?* Wie kann ich in den komplexen Lebenszusammenhängen meinen Weg finden? Diese Fragen stellen sich in vielen Bereichen des Lebens. Die Frage nach dem richtigen Auto ist noch relativ leicht zu lösen. Viel drängender sind Fragen wie: Wie kann Erziehung zur Selbständigkeit gelingen? Wie fördere ich meine Partnerschaft, die ein Leben lang halten soll? Wie kann ich auf mich selber achten und gleichzeitig anderen in Liebe dienen? Was bedeuten Dankbarkeit und Verantwortung in einer Zeit westeuropäischen und amerikanischen Überflusses und des Hungers in weiten Teilen der einen Welt? Die Fülle der Fragen erklärt, warum so vieles nicht klar ist. Das prägt unsere Kultur. Wer sich mit der Frage nach der Postmoderne genauer beschäftigen will, sei verwiesen auf das Buch von Albrecht Grözinger »Die Kirche – ist sie noch zu retten? Anstiftungen für das Christentum in postmoderner Gesellschaft«. Das erste Kapitel des Buches – »Konturen der Postmoderne« – gibt einen guten Überblick und weitere Literaturhinweise.

Noch einen Hinweis zum Kulturbegriff möchte ich geben: Ich verwende *Kultur* im *beschreibenden* Sinn, nicht im *bewertenden* Sinn (es geht nicht um die Unterscheidung, welches Gebäude oder Kunstwerk, welche Musik oder Skulptur als Kulturgut verstanden werden könne und welche(s) nicht). Kultur bewertet nicht, sondern *beschreibt* die verschiedensten Formen, in denen sich das Leben einer bestimmten Zeit und Gesellschaft ausdrückt. In den Ausdrucksformen wird sichtbar, was das Leben trägt und prägt. Kultur hat also eine Außenseite, ein Erscheinungsbild, das von allen wahrgenommen werden kann. Und sie hat eine Innenseite, zu der Überzeugungen und Einstellungen, Wahrnehmungsmuster und Denkweisen gehören. Zusammenfassend kann gesagt werden: Kultur beschreibt »die Gesamtheit der typischen Lebensformen einer Bevölkerung einschließlich der sie tragenden Geistesverfassung, bes. der Werteinstellungen« (W. E. Mühlmann, nach Brockhaus Enzyklopädie, [17]10).

## 3. Umkehr als Chance zur Veränderung

Unsere Unsicherheiten sind eine große Chance zur Veränderung. Und davon ist in der Bibel an vielen Stellen die Rede: »Tut Buße und glaubt an das Evangelium!« Buße, Umkehr (griechisch: metanoia) ist ein Wort der Veränderung. Und es gibt die Richtung der Veränderung an: »Glaubt an das Evangelium«, an die gute Nachricht, die frohmachende Botschaft vom heilschaffenden Handeln Gottes. Das schließt ein: Glaubt an den Gott, der in postmodernen wie in anderen Zeiten Heil schafft. »Siehe, jetzt ist die Zeit der Gnade, siehe, jetzt ist der Tag des Heils« (2 Kor 6,2).

Unsere Unsicherheiten machen uns bescheiden. Wenn wir unsere Unsicherheiten ehrlich beschreiben, stehen wir dort, wo die Menschen um uns herum auch stehen: auf dem schwankend gewordenen Boden unsicherer Tatsachen. Und mit unseren Zeitgenossen sind wir auf Gottes barmherzige Zuwendung angewiesen, von der wir ja häufig reden. Es ist glaubwürdiger, wenn wir nach Worten suchen müssen, um unseren Glauben auszudrücken und zu formulieren, als wenn wir ihn allzu vollmundig weitergeben. Denn dann wird deutlich: Wir sind nicht Jesus. Wir leben von dem, was er uns schenkt.

# II. Glaube braucht konkrete Schritte

Wie christliches Verhalten aussieht, ist umstritten. Für die einen ist klar: »Wir haben christliche Freiheit.« Das bedeutet für sie: »Die Liebe ist zwar der Maßstab für unser Verhalten. Aber ansonsten soll es bitte keine Vorschriften geben. Jeder kann tun und lassen, was er will, wenn er es nur mit seinem Gewissen vereinbaren kann.« Die anderen sagen: »Wo kämen wir denn da hin, wenn jeder selber entscheidet, was seiner Meinung nach dem Liebesgebot entspricht. Wir brauchen feste Ordnungen und Regeln.«

Umstritten ist auch, wieviel Ethik (Lehre vom Verhalten) in die Verkündigung gehört. Wieviel soll in Sonntagspredigten, in Andachten und Bibelarbeiten von christlichem Verhalten die Rede sein? Und was darf dann dort gesagt werden? Dürfen die Verkündigerinnen und Verkündiger nur das predigen, wozu sie selber auch stehen und was sie selber glaubwürdig vertreten können? Was geschieht, wenn sie hinter ihren Ansprüchen zurückbleiben? Die Gemeinde spürt das ja. So bemerkte ein Hamburger Umweltexperte vor einigen Jahren: »Die Pfarrer haben es gut. Sie gehen auf die Kanzel und sagen der Gemeinde, wozu sie selber nicht fähig sind, was sie aber für gut und wünschenswert halten. Sie entlasten sich dadurch selber. Ihr Beitrag zum Guten ist es ja, den anderen zu sagen, was sie machen könnten. Sie merken in der Regel nicht, daß sie damit die Gemeinde belasten, weil sie sie überfordern. Die Gemeindeglieder überhören die Forderung entweder, oder sie haben ein schlechtes Gewissen.« Klar, das ist pauschal geredet. Und doch trifft es die Stimmung, mit der nicht wenige Sonntag für Sonntag aus dem Gottesdienst gehen.

Wie können wir Orientierung für unser alltägliches Leben, unser Tun und Lassen bekommen? Wie kann eine Orientierung aussehen, bei der unsere Unsicherheiten nicht übergangen, sondern ernstgenommen werden? Wie kann die Orientierung so aussehen, daß unsere Möglichkeiten und Grenzen beachtet werden? Wie kann die Orientierung so sein, daß sie nicht gesetzlich wird?

## 1. Grundentscheidung

*Von der Freiheit, Gott recht zu geben*

Ich greife an dieser Stelle den eben genannten Gedanken der evangelischen Freiheit noch einmal auf. In dem oben zitierten Ausspruch wird evangelische Freiheit als Freiheit von etwas verstanden, als Freiheit von Ordnungen und Gesetzen. Das ist jedoch nur eine, eher oberflächliche Seite evangelischen Freiheitsverständnisses. Wenn wir nach den Wurzeln evangelisch-reformatorischer Entdeckungen fragen, stellen wir fest: Evangelische Freiheit ist immer auch Freiheit zu etwas. Evangelische Freiheit hat zutiefst mit Glauben zu tun. Und Glauben heißt – nicht nur in der paulinischen und reformatorischen Tradition: Gott recht geben, ihn als den anerkennen, der er ist. Glaubende gewinnen Gewißheit nicht, indem sie auf sich selber und ihre Anstrengungen schauen und bauen. Glaubende gewinnen Gewißheit, indem sie sich Gott und seiner Liebe hingeben (Röm 8,31-39). Gott ist der, der die Welt mit sich selber versöhnt (2 Kor 5,18-21). In Jesus läßt er sein Heil uns Menschen zuteil werden. Wo Jesus uns Menschen begegnet, sind wir zur Antwort des Glaubens herausgefordert. Jesus zwingt nicht. Er bittet uns durch Menschen: »Laßt euch versöhnen mit Gott« (2 Kor 5,20).

Der Tübinger Theologe Eberhard Jüngel weist darauf hin, daß die erste Antwort der Christen auf die Frage, was zu tun sei, die Feier des Gottesdienstes ist. Was Christen zu tun haben, hat hier nicht zuerst etwas mit Leistung zu tun. Im Gottesdienst beziehen wir uns auf das, was Gott tut. Wir feiern die großen Taten Gottes. Unser Glaube wird gestärkt, wir werden zum Handeln beauftragt und als Gesegnete in die Welt gesandt. »Daß die Christen im Akt des *Feierns*, also in einem den *Leistungscharakter* des Lebens souverän ausschließenden Geschehen, tätig werden, macht unübersehbar deutlich, daß der von ihnen geforderte Dienst sich selber dem Opfer, der Gabe Jesu Christi *verdankt*« (Jüngel, Das Opfer Jesu Christi, S. 276 f., kursiv dort).

## Letztes und Vorletztes unterscheiden

Gottes Heilshandeln für uns ist das, was letztlich zählt – und uns schließlich durchs Gericht bringt. Gottes Liebe ist das Letztgültige. Gottes Liebe ist das Letzte. Was Gott in seinem heilschaffenden Handeln ausschließlich und letztgültig tut, kann und muß von uns Menschen nicht getan werden. Und die Vollendung dessen, was Gott angefangen hat, ist nicht unsere Beauftragung.

Indem Gottes Handeln letztgültig ist, tritt alles andere, auch das christliche Verhalten, an die vorletzte Stelle, wird also »zweitrangig«. Das bedeutet nicht, daß es unwichtig würde. An zweiter bzw. vorletzter Stelle ist es durchaus wichtig. Aber es ist nicht mehr letztgültig. – Die Unterscheidung von Letztem und Vorletztem legt Bonhoeffer seiner Ethik zugrunde (S. 128–152). – Das christliche Handeln gehört in den Bereich des »Vorletzten«. Und doch drücken Christen in ihrem – vorletzten – Handeln aus, woran sie letztlich glauben. Anders formuliert: Christliches Handeln ist *Ausdrucksform des Glaubens*. Glauben bedeutet: Gott recht geben, sich ihm anvertrauen und hingeben. Gott ist also »Gegenstand« des Glaubens, nicht unser Handeln. Der Glaube bezieht seine Gewißheit aus der verläßlichen Liebe Gottes. Christliches Handeln bedeutet: Den Glauben ausdrücken, Formen finden, in denen der Glaube leben und wachsen kann. Die Formen sind nicht der Glaube selber. Aber ohne diese Formen lebt der Glaube nicht.

## 2. Vorbilder im Neuen Testament – Ermutigung und Ernüchterung

Wenn christliches Handeln als Ausdruck des Glaubens verstanden wird, dann ist es in den großen Horizont der Gottesbeziehung gestellt. Genau in diesem Sinn wird interessanterweise im Neuen Testament von Vorbildern gesprochen. (Wertvolle Hinweise verdanke ich dabei einem Aufsatz von Hermann von Lips, Professor für Neues Testament an der Universität Halle: Der Gedanke des Vorbilds im Neuen Testament.)

*»Und ihr seid unserem Beispiel gefolgt ...«* –
*1. Thessalonicher 1,6-7*

Wie Paulus Vorbild versteht, läßt sich beispielhaft am 1. Thessalonicherbrief zeigen. Paulus hat die Gemeinde in Thessalonich wohl im Jahr 49 n. Chr. gegründet. Nachdem er die Gemeinde verlassen mußte, hat er von Athen aus Timotheus nach Thessalonich geschickt, um die Christen dort in ihrer Bedrängnis (einzelne Übergriffe?) im Glauben zu stärken (3,2-3, vgl. auch Apg 17,1-9). Nun ist Timotheus mit guten Nachrichten vom Glauben und von der Liebe der Christen in Thessalonich zurückgekommen. Daraufhin schreibt Paulus – mittlerweile in Korinth – den Brief. Er schreibt also an eine Gemeinde, die er vor nicht allzu langer Zeit gegründet hat und mit der er auch nach seinem Aufenthalt weiterhin in Kontakt steht. Seine enge Beziehung zur Gemeinde, die in kurzer Zeit schnell gewachsen sein muß – vielleicht verstärkt durch gemeinsame Leidenserfahrungen –, spiegelt sich sehr anschaulich in den ersten drei Kapiteln des 1. Thessalonicherbriefs wider.

Dort schreibt Paulus (1,6-7): »Und ihr seid unserem Beispiel gefolgt und dem des Herrn [wörtlich: unsere Nachahmer – griechisch: *mimetai* – geworden] und habt das Wort aufgenommen in großer Bedrängnis mit Freuden im heiligen Geist, so daß ihr ein Vorbild [griechisch: *typos*] geworden seid für alle Gläubigen in Mazedonien und Achaja.«

Paulus hat keine Schwierigkeiten, sich selber als Beispiel oder Vorbild hinzustellen. Das mag für unsere Ohren zunächst irritierend klingen. Umso wichtiger ist es, genau hinzuschauen und zu entdecken, worin und in welchem Zusammenhang sich Paulus als Vorbild bezeichnet. Menschliche Motive, etwa sich in den Vordergrund zu stellen, müssen nicht ausgeschlossen werden. Denn auch als evangelische Christen glauben wir nicht an den heiligen Paulus, sondern an den dreieinigen Gott, auf den Paulus hinweist. Auf der anderen Seite spricht alles dagegen, daß diese menschlichen Motive im Vordergrund stehen. Paulus beschreibt ja nicht, wie toll er war, als er die Gemeinde gegründet hat. Ihm geht es auch nicht darum, daß bestimmte Verhaltensweisen nachgeahmt werden, wie wir in 1 Kor 7,7-8 sehen können. Dort empfiehlt er zwar seine Ehelosigkeit als beispielhaft (um der von ihm als nah erwarteten Wiederkunft Jesu willen), sagt aber gleichzeitig ausdrücklich, daß er es auch akzeptiert, wenn sich jemand für die Ehe und damit anders als er entscheidet (V.9). Das muß ausdrücklich festgehalten werden: Christen können in der Frage nach dem, was zu tun sei, zu unterschiedlichen Ergebnissen kommen.

In 1 Thess 1,6-7 geht es nicht um einzelne konkrete Verhaltensweisen. Paulus beschreibt vielmehr, in welcher Grundrichtung die Christen in Thessalonich sein Vorbild nachahmen: Sie haben (1) das Evangelium als das aufgenommen, was es ist, als Gottes Wort (vgl. auch 2,13), und sie haben (2) dafür Bedrängnis und Leiden auf sich genommen (vgl. auch 2,14). Vom Wirken des heiligen Geistes ist gleich zweimal die Rede. Die

Christen in Thessalonich haben die Verkündigung des Evangeliums »in der Kraft und in dem heiligen Geist und in der Gewißheit« aufgenommen (1,5). Diese Glaubensgewißheit kann empfangen werden, sie kann aber nicht durch Nachahmung herbeigezwungen werden. Der heilige Geist ist der, der Glaubensgewißheit schenkt (Röm 8,14-17 und 31-39). Auch die Freude in der Bedrängnis ist nicht etwas, das nachgeahmt werden kann. So sehr sich einzelne anstrengen mögen, im Leiden entsteht Freude nicht einfach durch Nachahmung. Paulus weiß das und weist deshalb wiederum auf Gottes heiligen Geist hin, der diese Freude schenkt. Wie also ist Nachahmung des Vorbilds hier zu verstehen?

Die Christen in Thessalonich sind Leute, die sich auf das Wirken des heiligen Geistes eingelassen haben, die Vertrauensschritte gewagt haben als Antwort auf Gottes Ruf, die angefangen haben, sich auf Gott zu verlassen. In diesem Sinne sind sie Vorbild für die Christen in Griechenland, wie Paulus Vorbild für die Gemeinde ist. Die Vorbildlichkeit besteht darin, daß einzelne Menschen und Gemeinden mit ihrem Leben auf Christus hinweisen, von dem sie zum Glauben berufen sind. Zugespitzt: Die Vorbilder stehen nicht selber im Mittelpunkt. Sie stehen nur insofern im Mittelpunkt, als sie von sich selber weg und auf Jesus und Gottes Glauben schaffendes Wort hinweisen.

Nun ist ein wichtiger Hinweis aus 1 Thess 6 f. bisher noch nicht beachtet: »Und ihr seid unserem Beispiel gefolgt *und dem des Herrn* . . .« Hier setzt Paulus Christus als Vorbild voraus. Doch was ist das Beispiel bzw. Vorbild des Herrn Jesus Christus? Und worin sind die Christen in Thessalonich »Nachahmer Christi« geworden?

Zwei andere Texte zeigen die Richtung an, wie Nachahmung bei Paulus zu verstehen ist. In Röm 15,2-3 schreibt er: »Jeder von uns lebe so, daß er seinem Nächsten gefalle zum Guten und zur Erbauung. Denn auch Christus hatte nicht an sich selbst Gefallen, sondern wie geschrieben steht: ›Die Schmähungen derer, die dich schmähen, sind auf mich gefallen.‹ (Ps 69,10)«

Daran fällt zweierlei auf, was den bisherigen Beobachtungen zum 1. Thessalonicherbrief entspricht: (1) Es geht nicht um einzelne konkrete Taten, die nachgeahmt werden sollen (etwa das Ährenausraufen am Sabbat), sondern um die Grundhaltung. »Denn auch Christus hatte nicht an sich selbst Gefallen ...« Diese Grundhaltung kann sich nun in ganz verschiedenen Taten ausdrücken. Im Zusammenhang von Röm 14-15 geht es vor allem darum, sich in der Gemeinde Jesu Christi – auch bei unterschiedlichen inhaltlichen Überzeugungen – gegenseitig zu achten und anzunehmen. (2) Es geht nicht nur um aktives Tun, sondern auch um Geduld, Verachtung durch andere zu ertragen. Ähnlich wird in Phil 2,3-5 argumentiert. Außerdem entspricht den bisherigen Beobachtungen zum Vorbild Christi die Überlieferung der Evangelien, in denen ebenfalls Dienen und Leiden Christi Richtungsangabe für christliches Handeln sind (Mk 10,41-45; Mk 8,34; Joh 13,15).

Um an dieser Stelle nicht auf die falsche Spur zu geraten, dürfen wir nicht ausschließlich von »Nachahmung« sprechen. Vielleicht ist es sogar nötig, auf den Begriff »Nachahmung« in bezug auf Christus als Vorbild ganz zu verzichten, weil es im Deutschen anders klingt, als es im Griechischen bei Paulus gemeint ist. Denn wie wir gesehen haben, geht es ja gerade nicht darum, einzelne Verhaltensweisen »nachzuahmen«. Genau das aber steht im Deutschen bei diesem Begriff im Vordergrund. Die Evangelien halten einen anderen, umfassenden Begriff bereit: Nachfolge. Nachfolge schließt die Angabe der Grundrichtung christlichen Verhaltens ein: Dienen in Liebe, und, wenn es sein muß, auch Kreuzesnachfolge. »Nachfolge« beschreibt damit den Weg der Christen in der vertrauensvollen Hingabe an den dreieinigen Gott. Und diese Hingabe drückt sich u. a. im Dienst der Liebe aus. In diesem Sinn ist im Griechischen bei Paulus auch Nachahmung gemeint. Im Deutschen läßt sich das, was gemeint ist, besser mit Nachfolge ausdrücken.

Zum Gesamtverständnis Jesu als Vorbild muß noch zweierlei bedacht werden.

(1) Jesus ist Vorbild. Und noch viel mehr ist er Retter. Beides darf nicht auseinandergerissen werden und ist doch zu unterscheiden. Jesu Rettungshandeln ist nicht etwas, was von uns nachgeahmt werden könnte oder müßte (vgl. oben die Grundentscheidung).

(2) Jesus ist ganz Mensch geworden, er hat gelitten wie wir, er ist versucht worden wie wir, »doch ohne Sünde« (Hebr 4,15). Damit ist ein entscheidender Unterschied benannt. Und dieser Unterschied muß beachtet werden, wenn wir über Jesus als Vorbild nachdenken und so von ihm sprechen.

Wenn wir aus dem Tun und Lassen Jesu Konsequenzen für unser Tun und Lassen ableiten, muß die Wirklichkeit unseres Lebens einbezogen werden, in der Gottes Reich angefangen hat, aber noch nicht vollendet ist (vgl. auch hier die oben getroffene Grundentscheidung). Das bedeutet nun nicht, die Wirklichkeit, das Mögliche und Machbare zum Maßstab aller Dinge zu machen. Wenn im Glauben der Christen Gottes Reich angefangen hat, gehört zu *dieser* Wirklichkeit das Wirken des heiligen Geistes. Und eine der Grundaufgaben christlicher Gemeinde ist es, sich gegenseitig zu ermutigen, mit diesem Wirken des lebendigen Gottes zu rechnen und im Gebet darum zu bitten. Diese Bitte um das Wirken des heiligen Geistes schließt jedoch ein, daß wir um die Vorläufigkeit und Vergänglichkeit unserer Wirklichkeit wissen. So sind die Gesetze dieser Wirklichkeit – nicht weil sie ideal wären, sondern weil Jesus in dieser realen Wirklichkeit Mensch geworden ist – bei der Frage nach dem, was zu tun und zu lassen ist, ehrlich zu beschreiben und ernst zu nehmen.

## »Ihr Kleingläubigen, warum seid ihr so furchtsam?« – Matthäus 8,26

Wenn wir uns die Jünger anschauen, ist das ermutigend und ernüchternd zugleich. Das Neue Testament zeichnet ein sehr realistisches Bild. Da gibt es Dinge, die im positiven Sinne vorbildlich sind. Auf den Ruf Jesu in die Nachfolge z. B. antworten die Jünger durch ihren Aufbruch mit einen deutlichen Ja (Mk 1,16-20 u. a.). Auf der anderen Seite sind sie unsicher im Glauben, was einem Grundgefühl postmoderner Zeitgenossen nahe kommt. Im Matthäusevangelium werden die Jünger häufig als »kleingläubig« beschrieben. In der Bergpredigt im Abschnitt über die Sorgen – ebenfalls ein sehr zeitgemäßes Thema, wie nicht nur die Auflagenzahl des Bestsellers von Dale Carnegie »Sorge dich nicht, lebe« zeigt – fragt Jesus: »Wenn nun Gott das Gras auf dem Feld so kleidet, das doch heute steht und morgen in den Ofen geworfen wird: sollte er das nicht viel mehr für euch tun, ihr Kleingläubigen?« (Mt 6,30; vgl. auch Mt 16,8). Mitten im Sturm auf dem See sagt Jesus zu seinen Jüngern: »Ihr Kleingläubigen, warum seid ihr so furchtsam?« (Mt 8,26). Bei einer anderen Fahrt über den See fragt Jesus Petrus, als dieser versinkt: »Du Kleingläubiger, warum hast du gezweifelt?« (Mt 14,31, vgl. auch Mt 17,20). Auch das *Verhalten* der Jünger wird nicht als vorbildlich hingestellt. Sie wollen die Kinder nicht zu Jesus lassen (Mt 19,13-15 par.). Sie streiten um die besten Plätze in Gottes Reich (Mt 20,20-28 par.). Petrus verleugnet Jesus auf dessen Weg zum Kreuz.

Dem gegenüber steht der vorbildlich große Glaube bei einzelnen Menschen, die nicht zu den Jüngern gehören: Der – heidnische – Hauptmann von Kapernaum (Mt 8,5-13) oder die – ebenfalls heidnische – kanaanäische Frau (Mt 15,21-28). Auch werden einzelne in ihrem Handeln als vorbildlich hingestellt. Maria tut das eine, das jetzt richtig ist (Lk 10,38-42), einer der zehn Aussätzigen, ein Samariter, dankt Jesus (Lk

17,11-19, vgl. auch das Gleichnis vom barmherzigen Samariter, Lk 10,25-37).

Die Evangelien zeigen uns, daß die Wirklichkeit ehrlich so beschrieben werden darf, wie sie ist. Dazu gehört das Gelingen genauso wie ein Scheitern. Das klingt einfach, und es ist in der Wirklichkeit des Gemeindelebens doch relativ schwer umzusetzen. Wer darf schon zugeben, was ihn wirklich bewegt? Manchmal habe ich den Eindruck: Je höher jemand auf der christlichen »Karriereleiter« aufsteigt, desto mehr ist er gezwungen, manche Dinge seines Lebens zu verschweigen. ›Was dächten denn die anderen in der Gemeinde, wenn die wüßten . . .‹. Und ein Mitarbeiter, der in einer Andacht wagt, von eigenen Schwächen zu reden, muß anschließend eine Belehrung besonders frommer Mitchristen über sich ergehen lassen.

Mag sein, daß die Jünger nicht gerade vorbildlich in den Evangelien dargestellt werden. Vorbildlich ist auf jeden Fall die Entscheidung der Autoren, in den Evangelien die Lebenswirklichkeit der Jünger – und damit der christlichen Gemeinde – nicht zu verschweigen oder zu idealisieren. Es wäre ja kein Problem gewesen, die entsprechenden Abschnitte einfach nicht aufzuschreiben. Daß die Wirklichkeit des Kleinglaubens und Scheiterns beschrieben wird, ist entlastend. Ja, so ist das mit der Gemeinde Jesu Christi und dem Leben der einzelnen Christen. Da gehören Versagen und Scheitern dazu. Das muß gesagt werden dürfen. Die Evangelien sind uns Vorbilder darin und ermutigen uns.

Gleichzeitig sind die Evangelien als Ermutigung zum Glauben geschrieben und erzählen entsprechende Beispiele. Dabei geht es um Ermutigung zum Glauben, der Versagen und Scheitern einschließt, nicht ausschließt. Denn darum geht es ja im Glauben, daß wir uns letztlich nicht auf unser Tun und Lassen verlassen, sondern auf Christus.

Vorbildlich ist in den Evangelien also: Vorbilder werden nicht absolut gesetzt. Mit großer Selbstverständlichkeit wird vom Scheitern des so bedeutenden Apostels Petrus erzählt. Vorbilder sind kritisch hinterfragbar, weil sie nicht selber der Maßstab sind. Diese Einsicht empfinde ich als große Hilfe für unseren alltäglichen, persönlichen Umgang mit den Vorbildern, die uns in Familie, Freundeskreis, Gemeinde, Beruf, Verein wichtig sind. Wir brauchen Vorbilder, ob als Kinder, Jugendliche oder Erwachsene. Aber es kommen auch immer wieder Zeiten, in denen es gilt, sich von Vorbildern abzulösen und eigene Wege zu finden (vgl. Schluß zu Mt 28 in III.1.).

Damit ist die Spur angegeben, die ich insgesamt für grundlegend halte für Neuentdeckungen in der Bibel: *Es geht darum, die Bibel menschlich zu lesen.*

## 3. Menschlich in der Bibel lesen

*Anstreichen, was die Jünger falsch gemacht haben*

In der 10.Klasse hatte ich einen Schulfreund, der ein Jahr zuvor zum Glauben gekommen war. Sein Problem: Nach einem Jahr hatte er immer noch häufig Streit mit seinen Eltern. Das ist in diesem Alter ja keine besondere Kunst. Und doch litt er darunter, daß sein lebendig gewordener Glaube sich nicht in Liebe oder wenigstens Großzügigkeit seinen Eltern gegenüber ausdrückte. Bei einer Jugendwoche sprach er mit einem Seelsorger. Der ließ sich die Bibel meines Freundes zeigen und seine Unterstreichungen und Anmerkungen. Das Ergebnis: Er hatte vor allem das angestrichen, was Christen tun sollen. Der Seelsorger empfahl ihm daraufhin, einmal die Evangelien mit folgender Fragestellung zu lesen: Was haben die Jünger alles falsch gemacht? Wo waren sie schwach? Wo ist ihnen ihr Werk mißlungen? Wo sind sie gescheitert? Das alles sollte mein Freund mit einer bisher nicht verwendeten Farbe anstreichen. Schon bald war er entlastet. Es war für ihn tröstlich, was die Jünger alles falsch gemacht haben. Und das Verhältnis zu seinen Eltern hat sich im Laufe der Zeit auch geklärt.

An einem Abschnitt aus dem Lukasevangelium läßt sich diese Änderung der Blickrichtung veranschaulichen (Lk 22,31-34). Jesus kündigt dem Petrus die Verleugnung an. Petrus fühlt sich stark. Jesus hat ihm gerade gesagt, daß er für ihn gebetet hat. Das aber hält Petrus nicht für nötig. Er ist bereit, mit Jesus ins Leiden zu gehen. Er ist bereit, sich gefangen nehmen zu lassen. Sogar den Tod will er auf sich nehmen. Auf diese mutigen Sätze antwortet Jesus: »Petrus, ich sage dir: Der Hahn wird heute nicht krähen, ehe du dreimal geleugnet hast, daß du mich kennst.«

Dieses kleine Gespräch Jesu mit Petrus können wir aus ganz unterschiedlichen Blickwinkeln betrachten. Entweder – so geschieht es häufig – wir denken oder sagen: Ja, dem Petrus ist das passiert, daß er sich selber überschätzt hat. Er hat eine große Klappe. Und dann versagt er doch. Wir lernen daraus: Laßt uns den Mund nicht so voll nehmen – und lieber anschließend mutig sein und uns zu Jesus bekennen. Wir könnten die Geschichte auch anders verstehen, nicht als eine Geschichte, aus der wir etwas lernen sollen, sondern als eine Geschichte, die sehr realistisch beschreibt, wie Jünger und Jüngerinnen Jesu, wie Christinnen und Christen heute sein können. Wir könnten also – das geschieht leider seltener – denken und sagen: Ja, so ist das mit uns Christen. Manchmal nehmen wir den Mund zu voll. Und unser Mut hält den Worten dann doch nicht stand. So sind wir Christen. Amen. Ein solcher Blickwinkel entlastet, in der persönlichen Lektüre der Bibel ebenso wie in der Verkündigung.

Die Bibel will menschlich gelesen werden. Die Evangelien und die Paulusbriefe berichten genauso wie alttestamentliche Erzählungen sehr realistisch von Menschen. Sie erzählen von ihrem Können genauso wie von ihrem Versagen, von ihrem Glauben genauso wie von ihren Zweifeln. So ist bei der Lektüre der Bibel genau darauf zu achten, was die entsprechenden

Personen empfangen und was sie tun, wogegen sie sich auflehnen, woran sie zweifeln oder scheitern ...

> Bibellesen – besonders die Evangelien lesen – in der Postmoderne bedeutet: Jesusgeschichten so lesen und weitergeben, daß die Menschlichkeit der Jünger deutlich wird.

Es geht darum, biblische Personen menschlich anzuschauen und auf Idealisierung zu verzichten. Dazu helfen auch die Psalmen, auf die ich im letzten Kapitel eingehe.

## 4. Mut zum Bruchstückhaften im Beten und Tun des Gerechten

*Begrenzungen wagen*

Eine der großen Herausforderungen für uns als Christen unserer Zeit ist m.E., die Bruchstückhaftigkeit und Unsicherheit menschlichen Handelns ernst zu nehmen. Für manche mag es gefährlich erscheinen, ausdrücklich hinter dem Vollkommenheitsideal zurückzubleiben. Doch mehrere Überlegungen ermutigen mich, den fragmentarischen Charakter unseres Lebens, unseres Tuns und Lassens ernst zu nehmen. (1) Der vorangehende Abschnitt zu den Vorbildern hat gezeigt, wie realistisch das Leben der Nachfolgerinnen und Nachfolger Jesu im Neuen Testament beschrieben wird. (2) Es liegt in der Konsequenz der oben getroffenen Grundentscheidung: Wenn christliches Handeln Ausdruck des Glaubens ist und im Bereich des Vorletzten geschieht und vom letztgültigen Rettungshandeln Gottes unterschieden ist, dann kann es auch vorletzten, bruchstückhaften Charakter haben. (3) Eine Begrenzung der

Verantwortung ist nicht zuletzt darin begründet, daß uns durch unsere Geschöpflichkeit Grenzen gesetzt sind und wir nicht alles tun können, was uns wichtig und nötig erscheint. Diese Entlastung ist aus seelsorgerlichen Gründen dringend erforderlich. Je konkreter und bescheidener Schritte christlichen Handelns beschrieben werden, desto entschiedener können sich Menschen darauf einlassen. Bewußte Begrenzung ist also Ermutigung zum Handeln.

Das alles verstehe ich nicht als Notlösung, es entspricht vielmehr den Grenzen, die uns durch unsere Geschöpflichkeit gesetzt sind, und es entspricht der Anfänglichkeit des Reiches Gottes, das noch nicht vollendet ist.

Dabei ist vorausgesetzt: Die Frage nach dem, was zu tun ist, wird in der christlichen Gemeinde gestellt, weil sie nicht von einigen wenigen, sondern von vielen, von den Gliedern des Leibes Christi beantwortet wird und viele innerhalb ihrer Grenzen zum bruchstückhaften Handeln ermutigt werden. Die Zugehörigkeit zum Leib Christi schließt das Eingeständnis ein, nicht alles allein zu können und zu müssen. Christen sind auf das Tun anderer angewiesen. Nicht jeder kann alles. Teil des Leibes Christi zu sein bedeutet also Selbstbegrenzung, den anderen ihre mit den Gaben verbundenen Aufgaben nicht wegzunehmen. »Am Leibe Christi kann nicht jedes Glied auch noch die Funktion aller anderen Glieder übernehmen wollen und damit deren spezielles Tun überflüssig machen (vgl. Röm 12,3-8)« (Jüngel, Das Opfer Jesu Christi, S. 278).

## Erfüllbarkeit überprüfen und Konsequenzen bedenken

Wenn christliches Handeln im Bereich des Vorletzten geschieht und nicht im Bereich des Letztgültigen, muß nicht alles erreicht werden, was sich Idealisten ausdenken oder was wir uns selber in unserem Herzen wünschen. Wenn wir die Erfüllbarkeit dessen überprüfen, was wir uns vornehmen, und wenn wir die Konsequenzen bedenken, wird sich das insgesamt förderlich auf unser Handeln auswirken. (»Erfüllbarkeit überprüfen« und »Konsequenzen bedenken« nennt Peter Bukowski als zwei Kriterien für konkrete Forderungen in der Predigt, in: Predigt wahrnehmen, S. 104–110.) Ohne das ständige Gefühl der Überforderung können wir dann konkrete kleine Schritte planen und sie auch gehen, innerhalb der eigenen Grenzen, die uns gesteckt sind, manchmal aber auch über diese Grenzen, die wir vielleicht zu eng gezogen haben, hinaus. Wie auch immer die einzelnen Schritte aussehen mögen, auf jeden Fall ist eine Begrenzung der Bereiche nötig, in denen wir uns engagieren.

Wie solche Schritte im Bereich missionarischen Handelns und in der Gemeindearbeit aussehen können, wird in den nächsten Kapiteln entfaltet. Hier wird die Begrenzung zunächst am Beispiel des Gebets und des Tuns des Gerechten gezeigt.

## Beten konkret

Unsere Grenzen zu beachten bedeutet, kleine Formen des Betens neu zu entdecken und zu würdigen. Stoßgebete z. B. sind eine solche Form des Gebets. Manchmal bestehen Stoßgebete nur aus wenigen Worten, manchmal aus einem Satz. Da können wir spontan herauslassen, was uns bewegt. Diese kleinen Formen des Gebets sind wichtig, weil so der Alltag mit dem Gebet durchdrungen wird, in einem Lebensrhythmus, in dem die großen und längeren Zeiten für das Gebet eher selten geworden sind. Das schilderte eine Mutter von vier kleinen Kindern während einer Familienfreizeit: »Für mich sind Lieder z.Z. die einzige Form des Gebets. Ich singe zusammen mit den Kindern und für die Kinder. Das ist meine Form des Betens, und ich freue mich, daß das so möglich ist.«

Eine komplexe Welt und ihre vielfältigen Anforderungen führen manchmal zu Ermüdungserscheinungen. Und dann fehlt die Kraft zum Gebet. Ja, zum Beten braucht man Kraft. Aber im Beten fließt mir auch Kraft zu. Das gilt nicht, wenn ich mich verstellen muß, wenn ich beten muß, was andere scheinbar oder tatsächlich von mir erwarten. Beten gibt mir dann Kraft, wenn ich so sein kann, wie ich bin, wenn ich aussprechen und klären kann, was mich bewegt. Damit das gelingt, hilft mir Gebet in der Gemeinschaft, zusammen mit anderen, mit denen Ehrlichkeit möglich ist.

Diese Ehrlichkeit kann sich auch in Gesprächen über das Gebet niederschlagen. Mir selber hilft es, mit anderen über Freuden beim Beten und über Enttäuschungen zu sprechen, über meine Erfahrungen und die der anderen.

In Jugendgruppen und auf Freizeiten haben die Teilnehmerinnen und Teilnehmer und ich häufig folgenden Weg als sehr hilfreich empfunden, der auch für die Gemeindepraxis gut geeignet ist. In der Gruppe erzählen die einzelnen einander ihre Anliegen. Das senkt für viele die Hemmschwelle: wenn man sich nicht künstlich verbeugen muß und die Freude im Gesicht nicht einfrieren muß, wenn man seine natürliche Sprache behalten kann und natürliche Menschen vor sich hat. Da bringen sich viele ein, die sich sonst an einer Gebetsgemeinschaft nicht beteiligen würden. Wer will, kann bei seinem Anliegen eine Kerze anzünden, als Zeichen dafür, daß Jesu Handeln in unserer Welt Licht bringt. Einer betet am Schluß der gesamten Erzählrunde, ohne daß die einzelnen Anliegen wiederholt werden müssen: »Herr, erhöre uns.« (Vorsicht: Die Anliegen zu wiederholen, würde die Beiträge der einzelnen Teilnehmerinnen und Teilnehmer entwerten. Und es könnte der Eindruck entstehen, als ob sie die Gebete nicht richtig formuliert hätten und diese deshalb – in wohlformulierter Sprache – vor Gott wiederholt werden müßten.) Neben einem Gebetsabschluß in der beschriebenen Form am Ende der Runde ist es freilich auch möglich, in der Gruppe nach jedem Anliegen »Herr, erbarme dich«

zu singen. – Das gleiche läßt sich mit dem Motto »Dankeschön, Gott« gestalten. Dann kann zwischen den einzelnen Beiträgen eine Strophe eines Dankliedes gesungen werden. Insgesamt beobachte ich, daß für Gebetsgemeinschaften die vielen Gestaltungsmöglichkeiten, die es gibt, noch lange nicht ausgeschöpft sind. So gehören Lieder und Gebete selbstverständlich zusammen: Lieder können als Gebete gesungen werden oder Gebetszeiten mit Liedern belebt werden.

Als Gemeindeglieder sind wir berufen, füreinander einzustehen. Diese Berufung beinhaltet auch, füreinander zu beten. Und unsere Berufung zum Dienst in dieser Welt beinhaltet die Berufung, für die Menschen zu beten, denen wir zu Nächsten geworden sind. Manchmal liegt es uns einfach auch auf der Seele, bestimmte Nöte anderer Menschen hinauszuschreien und Gott flehentlich um Linderung, Veränderung, Erneuerung, Heilung, und nicht zuletzt um Glauben zu bitten.

Oft scheinen uns die vielen Nöte, die wir um uns herum und durch die Medien wahrnehmen, eher zu erschlagen als zur Fürbitte zu ermutigen. Dann ist Begrenzung und Auswahl nötig, so hart das klingen mag. Wer unter dieser Grenze leidet, dem sei gesagt: Gott kennt auch die Dinge, für die wir nicht beten. Mag sein, daß andere Gemeindeglieder oder andere Gemeinden, Gruppen und Verbände diese Anliegen aufgreifen. Das ist kein Argument, um die Trägheit zu unterstützen, sondern um die Begrenzungen akzeptieren zu können. Wenn wir uns entscheiden und auf wenige Dinge wirklich konzentrieren, ist die Möglichkeit viel größer, daß wir Vorsätze auch in die Tat umsetzen und konkrete Schritte gehen.

Eine hilfreiche Möglichkeit für die eigene Fürbitte ist für mich: Ich stelle mir *einen* bestimmten Menschen vor. Ich begrenze meine Fürbitte an einem Tag auf diesen Menschen. Ich überlege mir: Was gefällt ihm oder ihr? Was ärgert sie oder ihn? Welche Hobbys hat er oder sie? Was macht sie oder er sonst in der Freizeit? – So werde ich mit Wünschen und Erwartungen eines Menschen vertraut und kann diese Wünsche und Erwartungen im Gebet stellvertretend für ihn formulieren. So wird Beten zur konkreten Fürbitte.

Eine hilfreiche Möglichkeit für die gemeinsame Fürbitte ist: Wir schneiden aktuelle Zeitungsmeldungen aus, lesen sie in der Gruppe vor, singen anschließend »Herr, erbarme dich«, oder formulieren daraus Fürbitten und Klagen. Manchmal können wir ja nur unsere Sprachlosigkeit ausdrücken, wissen gar nicht, wie und wofür wir beten sollen, können das Leid Gott nur klagen. Dazu bieten die Psalmen ihre Sprachhilfe an, worauf ich im letzten Kapitel eingehen werde.

Als Hilfestellung für die Praxis liste ich die Ideen noch einmal auf:

Ideenliste
- Stoßgebete neu entdecken
- mit Liedern im Alltag beten
- ehrlich beten
- übers Beten reden
- einander Anliegen erzählen, gemeinsam singen
- Fürbitte als Berufung verstehen
- konkret für einen Menschen beten
- Zeitungsmeldungen auswählen

## Handeln konkret

Möglichkeiten konkreten Handelns im Bereich der Diakonie und der Weltverantwortung wären beispielsweise: Mitarbeit im Elternbeirat, Zeit für Kinder, Workcamp in Haiti, politisches Engagement in der Bürgerinitiative, Hilfstransport nach Rumänien, Nachhilfe für das Nachbarskind, ein offenes Ohr und Zeit für Menschen in Not ... Die Liste könnte unendlich fortgesetzt werden. Und genau da liegt ja ein Problem. Deshalb möchte ich eine Sache besonders hervorheben. In all dem, was wir als Christen als Ausdruck unseres Glaubens tun, müssen wir Entscheidungen treffen, für einige wenige Bereiche und damit gegen tausend andere Möglichkeiten. Für viele Menschen ist das schwer, Entscheidungen zu treffen. Und es ist noch einmal schwerer, wenn die Not, die zum Handeln herausfordert, so groß ist. Für manche ist es eine Hilfe, sich folgendes bewußt zu machen: Was wir auch tun, wir treffen immer Entscheidungen. Wenn wir am Abend ins Kino gehen, können wir nicht gleichzeitig ins Theater gehen oder fernsehen oder ein Buch lesen oder Sport treiben oder Freunde besuchen . . . Sobald wir etwas tun, haben wir uns für eine Sache entschieden und damit gegen viele andere Dinge, die wir nicht gleichzeitig tun können. Freilich, manche springen von einer Party zur anderen. Doch auch sie können nicht gleichzeitig auf zwei Partys sein. Sobald wir zu einer Sache »ja« sagen, sagen wir automatisch zu anderen »nein«.

Den einen fällt es überhaupt schwer, Entscheidungen zu treffen. Die anderen haben Angst, etwas falsch zu machen. Und wie sollen sie sich dann entscheiden in postmodernen Zeiten, in denen richtig und falsch nicht mehr klar getrennt sind? Hier empfinde ich Bonhoeffers Theologie als ermutigend und herausfordernd zugleich (vgl. II.1). In einem Brief schreibt er: »Verzögerte oder verpaßte Entscheidungen können sündiger sein als falsche Entscheidungen, die aus dem Glauben und der Liebe kommen« (Bethge, Dietrich Bonhoeffer. Eine Biographie, S. 427. Vgl. auch seinen Brief »Unser Weg nach dem Zeugnis der Schrift«).

Wieder andere lähmt die Fülle der Möglichkeiten. Nach dem Motto: Wo soll ich denn anfangen? Oder: Es hat ja eh kein Ende! Auch hier mag die Einsicht in die eigenen Begrenzungen eine Hilfe sein, sich auf weniges zu konzentrieren und das auch zu tun. Tatsächlich: Was zu tun wäre, hat kein Ende in dem Sinn, wie es hier gemeint ist. Ein Ende hat es dann, wenn Jesus zur

Vollendung der Neuschöpfung wiederkommt. Diese Hoffnung hilft uns, den Satz vom Tropfen auf den heißen Stein immer wieder umzudrehen. Nicht: »Nur ein Tropfen auf den heißen Stein«, sondern: »Steter Tropfen höhlt den Stein.« Bescheidenheit ist nötig, um die wenigen Dinge entschieden tun zu können.

## 5. Wechselwirkungen von Beten und Tun des Gerechten

Der christliche Glaube findet ganz verschiedene Ausdrucksformen. Seit der frühesten Christenheit spielen vor allem fünf Bereiche eine wesentliche Rolle:

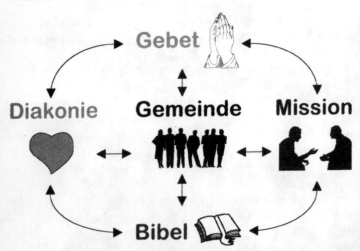

Bei diesen fünf Bereichen geht es nicht um Vorrangigkeiten. Vielmehr befruchten sich die Erfahrungen aus den unterschiedlichen Bereichen gegenseitig. Freilich scheinen in der Praxis die Bereiche teilweise eher getrennt zu sein: Die einen sind für das Beten zuständig, die andern für die Diakonie. Die einen sind für die Mission zuständig, die anderen für die Weltverantwortung. Durch diese Trennung bringen wir uns aber um wesentliche Erfahrungen. Eine Entdeckung mag das verdeutlichen.

Als ich beim Christlichen Jugendbund im Bayern (cjb) arbeitete, vertiefte sich eine Partnerschaft mit Gemeinden in Haiti. Haiti gilt als eines der ärmsten Länder der Welt. Menschen sterben, weil das Geld für Medikamente fehlt. Landwirte verlieren ihre Existenzgrundlage, weil der Regen den fruchtbaren Boden unwiederbringlich ins Meer spült. Nun führten ca. 10 Mitarbeiterinnen und Mitarbeiter im Jahr 1992 ein Workcamp in Haiti durch, um zusammen mit haitianischen Jugendlichen und Handwerkern auf drei Kirchen ein Dach zu setzen. Die Gruppe las während des vierwöchigen Aufenthalts die Bergpredigt (Mt 5-7). Viele berichteten anschließend, daß sie diese Worte der Bibel vorher nie so lebensnah verstanden hatten, die Worte von der Armut, dem Hungern, dem Sorgen ... Durch konkretes helfendes Handeln wurden Bibelworte neu lebendig. Und noch etwas anderes geschah. In einigen Gruppen hier in Deutschland wurden Gebetskreise neu lebendig. Die Informationen aus Haiti, die Rundbriefe der Mitarbeiterinnen, die jeweils ein Jahr dort arbeiteten, die politischen Verhältnisse forderten zum konkreten Gebet heraus. Ich selber habe dabei gelernt: Gebet und Bibellesen *kann* Diakonie, Weltverantwortung und Mission als Folge haben. Das ist aber nicht die einzige Denkrichtung. Diakonie, Weltverantwortung und Mission können *auch* Gebet und Bibellesen mit neuer Perspektive zur Folge haben. In beide Richtungen kann es gehen. Der Glaube drückt sich in den verschiedenen Bereichen aus, und gerade die Wechselwirkungen zwischen den verschiedenen Bereichen erhalten den Glauben lebendig. Kurz: *Glaube kann durch das Tun des Gerechten genauso wachsen wie durch Beten.* Beides darf nicht gegeneinander ausgespielt werden. Und in beidem antworten wir auf Gottes Berufung zum Glauben. Wir sind damit im besten Sinn ver-antwort-lich. Und wir sind nicht nur *für etwas* verantwortlich, sondern *jemandem gegenüber* verantwortlich. Im gewohnten Sprachgebrauch wird Verantwortung aber fast nur im ersten Sinn verwendet: Wir sind für dieses und jenes verantwortlich, für die Krankheit als Folge eines »unverantwortlichen Lebensstils«, für die Umweltkatastrophen als Folge unserer Beteiligung an der Zerstörung der Schöpfung ... So gut wie nie ist davon die Rede, wem wir eigentlich Verantwortung schuldig sind. – Christen sind dem gegenüber verantwortlich, der sie beauftragt, ihrem Herrn Jesus Christus.

## 6. Konstruktiv streiten

Wenn christliches Handeln etwas Vorletztes ist, kann es auch einen konstruktiven Streit unter Christen geben, was im Einzelfall der Auftrag Christi ist und wie das gegenwärtig inhaltlich zu gestalten ist. Hier ist es hilfreich und wichtig zu wissen, daß das christliche Handeln nicht Gegenstand des Glaubens, sondern Ausdrucksform des Glaubens ist. Es geht nicht um den Glauben selber, wenn Christen um die Gestaltungsformen des Glaubens und um richtiges Handeln ringen.

In diesem Zusammenhang macht Bernd Wannenwetsch, Professor für systematische Theologie in Erlangen, in seinem Buch über Ehe auf ein Problem aufmerksam, das häufig übersehen wird: In den öffentlich und hitzig geführten Diskussionen zu brisanten Themen (z. B. Abtreibung, Homosexualität, Sterbehilfe) ist die Zielgruppe nicht klar. Geht es darum, was für die Gemeindeglieder gilt, also um eine christliche Ethik für *Christen*? – Diese Überzeugung habe ich bei meinen Überlegungen in diesem Buch vorausgesetzt. – Oder geht es um Richtlinien von Christen für die Gesellschaft, also für Menschen ganz unterschiedlicher religiöser Einstellungen? In der öffentlichen Diskussion der brisanten Themen, in kirchlichen Stellungnahmen genauso wie in den entsprechenden Leserbriefspalten wird auf diese Unterscheidung oft nicht geachtet. Häufig

scheint davon ausgegangen zu werden, daß Kirche und Gesellschaft noch einigermaßen identisch sind. Also geht es um
christliche Maßstäbe für Christen (und gemeint ist die ganze
Gesellschaft). Das jedenfalls legen die meisten Beiträge zu den
brisanten Fragen nahe. Und dann ist das Erschrecken um so
größer, wenn die Unterschiede zwischen Kirche und Gesellschaft unübersehbar werden. Die Aufschreie wegen des Verzichts auf den religiösen Teil der Eidesformel »So wahr mir Gott
helfe« bei der Vereidigung des Kabinetts im Deutschen Bun-
destag im Oktober 1998 waren doch u. a. Ausdruck des Er-
schreckens darüber, daß Kirche und Gesellschaft nicht mehr
identisch sind.


## Geltungsbereich und Reichweite unterscheiden

Wenn Kirche und Gesellschaft unterschieden würden, könnte
in beide Richtungen, für beide Zielgruppen klarer Stellung genommen werden. Der *Geltungsbereich* christlicher Ethik ist die
christliche Gemeinde. Dort haben *Vorbilder* ihre Bedeutung.
Die *Reichweite* christlicher Ethik geht freilich über die Gemeinde hinaus. Die guten Werke der Christen sind *Zeugnis*,
damit sie gesehen werden und der Vater im Himmel gepriesen
wird (Mt 5,16).
Wenn Geltungsbereich und Reichweite unterschieden würden,
könnte (1) innerkirchlich darum gerungen werden, welche
Maßstäbe für die Lebensgestaltung der Christen gelten und
welche nicht. (2) Es könnte in Verlautbarungen, die sich an die
ganze Gesellschaft richten, und in Leserbriefen mehr Liebe und
Barmherzigkeit zu den von Gott geliebten Menschen außerhalb
der Kirche deutlich werden. Das würde einschließen, *mit ihnen
zusammen* zu überlegen, wie menschliches Zusammenleben –
im weltlichen Sinne – sinnvoll und vernünftig geregelt werden
kann. Christen könnten ihre Sicht einbringen; sie würden sie

dann aber einbringen für Menschen, für die sie den christlichen Glauben nicht voraussetzen dürfen.

Weil diese Unterscheidung aber nicht vorgenommen wird, werden Christen und Gesellschaft gleichermaßen angesprochen. Deshalb »sind solche Aussagen für die christlichen Gemeinden ... oft viel zu wenig eindeutig und zu sehr an gesellschaftlich angepaßten Maßstäben (des Möglichen) orientiert« (Wannenwetsch, Die Freiheit der Ehe, S. 274). Sie werden zurecht von vielen Christen als schwammig oder unklar empfunden. Weil auf der anderen Seite in solchen Stellungnahmen das Christliche aber auch vorkommen soll und unbedacht auf Nichtglaubende übertragen wird, »werden gerade die ›spezifisch christlichen‹ Sätze und Forderungen kirchlicher Stellungnahmen leicht unbarmherzig« (ebd.).

## 7. Ausdrucksformen des Glaubens – nicht Bedingungen des Christseins

Schließlich ist noch auf eine Gefahr hinzuweisen: *Die Ausdrucksformen des Glaubens sind immer in der Gefahr, zur Bedingung des Christseins zu werden.* Das geschieht dann, wenn unbemerkt oder ausdrücklich bestimmte Normen aufgestellt werden, wie im Einzelfall der Glaube gelebt werden muß, wieviel man täglich beten muß, um ein »richtiger Christ« bzw. eine »richtige Christin« zu sein, wieviel diakonischer Einsatz nötig ist, um als »richtiger Christ« bzw. als »richtige Christin« zu gelten.

Dann geht aber es nicht mehr um Ausdrucksformen des Glaubens, sondern um verbindliche Regeln, die von denen, die »richtige« Christinnen und Christen sein wollen, eingehalten werden müssen. So entsteht Gesetzlichkeit. Dann bekommen Ausdrucksformen des Glaubens doch wieder den Charakter des Letztgültigen. Gerade das hat die Verkündigung je neu aufzudecken, damit wir aus unserer Selbstbezogenheit dazu befreit werden, Gott recht zu geben.

Worum es bei den Ausdrucksformen des Glaubens geht, formuliert eindrücklich Bonhoeffer in seinem Gedicht »Stationen auf dem Wege zur Freiheit«, hier in der zweiten Strophe:

> »Nicht das Beliebige, sondern das Rechte tun und wagen,
> nicht im Möglichen schweben, das Wirkliche tapfer ergreifen,
> nicht in der Flucht der Gedanken, allein in der Tat ist die Freiheit.
> Tritt aus ängstlichem Zögern heraus in den Sturm des Geschehens,
> nur von Gottes Gebot und deinem Glauben getragen,
> und die Freiheit wird deinen Geist jauchzend empfangen«
> (aus: Dietrich Bonhoeffer, Widerstand und Ergebung. (KT 100).
> Chr. Kaiser/Gütersloher Verlagshaus, Gütersloh, 16. Aufl. 1977,
> S. 184 f und Ethik, S. 5 f).

# III. Berühren, was Menschen bewegt – Evangeliumsverkündigung für postmoderne Menschen

## Gehstruktur und Kommstruktur

In den letzten Jahren wurde viel von der sog. Gehstruktur geredet, die die Kommstruktur ergänzen oder ersetzen sollte. Überlegungen dazu wurden im Bereich der ökumenischen Bewegung genauso angestellt wie im evangelikalen Raum. Eine Kirche, die sich mit dem Evangelium wirklich zu den Menschen unserer Zeit hin bewegt, ist daraus scheinbar nicht geworden. Vielleicht fühlen sich viele Christen überfordert. Es wird immer wieder betont, daß sie hingehen sollen und den Zeitgenossen das Evangelium sagen. Es wird aber selten gesagt, wie das gehen könnte. Und wenn gesagt wird, wie es gehen könnte, sind die Forderungen teilweise so hoch, daß sie nur von wenigen oder niemandem erfüllt werden können.

## 1. Postmoderne und andere Entdeckungen in Matthäus 28,16-20

Bevor diese Überlegungen weitergeführt werden, ist ein Blick auf den Abschluß des Matthäusevangeliums (28,16-20) hilfreich und herausfordernd. Je länger ich mich mit diesen Worten beschäftige, desto mehr erscheint es mir so, als ob es geradezu Worte für unsere postmoderne Zeit wären. Dabei geht es nicht darum, in den Text hineinzulesen, was für unsere Zeit angenehm wäre, ohne daß das ursprünglich im Text stünde. Aber nicht alles von dem, was im Text steht, wird zu jeder Zeit gleich intensiv beachtet. So mag es sein, daß unsere Wahrnehmung als postmoderne Menschen zu manchen Entdeckungen führt, die in anderen Zeiten nicht im Vordergrund standen und doch dem Text in seiner Aussageabsicht entsprechen.

> »Aber die elf Jünger gingen nach Galiläa auf den Berg, wohin Jesus sie beschieden hatte. Und als sie ihn sahen, fielen sie vor ihm nieder; einige aber zweifelten. Und Jesus trat herzu und sprach zu ihnen: Mir ist gegeben alle Gewalt im Himmel und auf Erden. Darum gehet hin und machet zu Jüngern alle Völker: Taufet sie auf den Namen des Vaters und des Sohnes und des heiligen Geistes und lehret sie halten alles, was ich euch befohlen habe. Und siehe, ich bin bei euch alle Tage bis an der Welt Ende« (Mt 28,16-20).

## Glaubende und Zweifelnde

Jesus versammelt die Jünger auf einem Berg in Galiläa. Sie fallen nieder und beten Jesus an, »einige aber zweifelten«. Und beide beauftragt Jesus, zu den Menschen ihrer Zeit zu gehen.

Beides gibt es im Leben der Christen: großen Glauben und starke Zweifel. Manchmal fällt es leicht, Gott zu loben und zu preisen, ihm zu danken und ihn anzubeten. Aber es gibt auch andere Zeiten. Da drängen sich Zweifel in den Vordergrund, ganz gleich ob sie durch konkrete Gegebenheiten ausgelöst sind oder einfach ein Gefühl oder eine Stimmung widerspiegeln. »Einige aber zweifelten«.

Es ist unklar, wie das im Griechischen genau gemeint ist. »Die aber zweifelten« steht da einfach. Vielleicht sind es dieselben Jünger, die loben und zweifeln. Sie fallen vor Jesus nieder und beten ihn an – und urplötzlich schleichen sich Zweifel ein. ›Setzen wir auf den Richtigen?‹ ›Träume ich – oder ist das wahr? Gerade eben war Jesus doch gekreuzigt worden!‹ Das ist die Erfahrung, die Christen immer wieder machen: Anbetung und Zweifel liegen nahe beieinander. Schließlich sind beides Formen, Jesus ernst zu nehmen. Einmal geht es um vertrauensvolle Hingabe, das andere Mal um kritische Auseinandersetzung. Beide, die Lobenden und die Zweifelnden, nimmt Jesus in seinen Dienst. Das tröstet. Jesus gibt keine Durchhalteparolen aus. Er sagt nicht: »Kopf hoch! Jetzt mal vorwärts!« Oder: »Ihr werdet's schon schaffen.« Jesus schwört seine Jünger nicht auf Gefolgschaft ein. Nein: Er beauftragt seine Jünger so, wie sie sind. Und er kalkuliert Schwäche und Versagen ein. Das entlastet.

## alle elf

Jesus beauftragt die Jünger, wie sie sind. Und er beauftragt alle elf. »Die elf Jünger« heißt es ganz schlicht. Im Zusammenhang des Matthäusevangeliums ist klar: Die elf Jünger stehen stellvertretend für die ganze Gemeinde. Wenn von den Jüngern im Matthäusevangelium erzählt wird, wird in der Regel so erzählt, daß sich die Gemeinde mit ihrem Glauben und ihren Fragen darin wiederfindet.
Petrus wird hier nicht eigens erwähnt. Das fällt um so mehr auf, als Petrus sonst im Matthäusevangelium eine bedeutende Rolle spielt. Er ist der, der den Schritt aus dem Boot wagt und auf Jesus zugeht und dann doch zu versinken droht (Mt 14,22-33). Jesus bezeichnet ihn dort als Kleingläubigen. Trotzdem werden ihm die »Schlüssel des Himmelreichs« übergeben (Mt 16,13-20). Petrus verleugnet Jesus. Am Ende des Matthäusevangeliums wird Petrus genauso beauftragt wie die anderen auch. Ganz gleich, wie groß der Glaube der einzelnen im Moment ist, ganz

gleich, wie groß ihr Versagen in der Passion Jesu war, ganz gleich, wie groß ihre Zweifel sind, Jesus braucht alle elf.

Die Provokation für die Gemeinde ist zweifach.

(1) *Keiner wird hervorgehoben.* Keine ist zu einem wichtigeren Dienst beauftragt als ein anderer. Das greift die an, die solche hervorgehobenen Positionen in Kirche und Gemeinde beanspruchen, die die Dinge möglichst alleine machen wollen, andere nicht einbeziehen wollen. Ihnen wird gesagt: »Ihr seid nicht wichtiger als andere.« Dem mögen im Kopf viele zustimmen. Es in die kleine Münze der Gemeindearbeit und des Umgangs miteinander umzusetzen, ist ein langer Prozeß, der nur gemeinsam gelingen kann.

(2) *Keiner wird zurückgesetzt.* Keine kann sagen, ihr gelte diese Aufgabe nicht. Keiner kann sagen, er hätte keinen Auftrag. Jede ist einbezogen. Jeder ist beauftragt, zu den Menschen seiner Zeit hinzugehen. Das greift die an, die die Arbeit gerne anderen überlassen, oder die bisher einfach nicht herausgefunden haben, wie *ihr* Weg zu den Menschen aussehen könnte. Und es greift noch einmal die Verantwortlichen der Gemeinde an, wo sie sich nicht bemüht haben, viele einzubeziehen und mit ihnen zusammen phantasievoll nach Wegen zu suchen. Wie ein solcher Prozeß beginnen könnte, beschreibe ich am Ende dieses Kapitels unter dem Stichwort »Gemeinde Jesu als tätige Gemeinschaft«.

Die Entlastung ist: Jesus braucht uns so, wie wir sind, mit unserem Lobpreis und mit unseren Zweifeln.

Die Provokation ist: Jesus braucht alle, die »wichtigen« nicht dreifach, sondern einfach, so wie *alle* anderen auch.


## . . . auch die postmodernen Völker

Der Auftrag heißt: »Geht hin und macht zu Jüngern alle Völker.« Im Horizont des Matthäusevangeliums sind damit zunächst die

Völker in der Antike, im römischen Reich und an dessen Grenzen gemeint. Im Laufe der Jahrhunderte wurde der Horizont weiter. Andere Teile der Welt wurden entdeckt. Auch dafür gilt: »Geht hin und macht zu Jüngern alle Völker.« Doch nicht nur der geographische Horizont wurde weiter, auch die Zeiten haben sich geändert und damit die Völker. Die Kulturen in Griechenland, Rom und Germanien haben sich gewandelt. »Geht hin und macht zu Jüngern alle Völker.« heißt also auch: »Geht zu den Völkern der unterschiedlichen Zeiten und sagt ihnen das Evangelium.« »Geht zu den Menschen der Antike, des Mittelalters, der Neuzeit, der Postmoderne ... und sagt ihnen das Evangelium in ihrer Sprache. Wagt es, das Evangelium in der Gedankenwelt der jeweiligen Zeit und mit Begriffen der jeweiligen Kultur zu sagen.« (Wie das gelingen könnte, wird in III.2 bis III.5 überlegt.)

## Gewinnen – nicht bezwingen

Der Auftrag »Macht zu Jüngern« mag für manche befremdlich klingen. Denn wir wissen ja: Mag im alltäglichen Leben manches – längst nicht alles – machbar sein, Glaube jedenfalls ist nicht machbar. Der Zusammenhang des Matthäusevangeliums macht deutlich, daß diese Machbarkeit auch nicht gemeint sein kann. Und es geht schon gar nicht um Manipulation oder Unterwerfung. Tragischerweise führten solche Mißverständnisse und Fehlinterpretationen zu schrecklichen Zwangschristianisierungen ganzer Völker – verbunden mit vielen Unterdrückungen, Gewalttätigkeiten und Qualen.

Umso mehr muß folgendes festgehalten werden. Jesus sagt nicht: »*Euch* ist gegeben alle Gewalt auf Erden, so macht zu Jüngern alle Völker.« Jesus sagt: »*Mir* ist gegeben alle Gewalt bzw. Vollmacht im Himmel und auf Erden« (das erinnert an die Worte aus Dan 7,13 f. über den Menschensohn). Und wie Jesus diese Vollmacht ausübt, hat er durch seinen Umgang mit ganz unterschiedlichen Menschen gezeigt, die in Galiläa, Samarien und Judäa zu ihm gekommen sind und zu denen er gekommen ist. Jesus gewinnt Menschen durch Vertrauen und Herausforderung. Er gewinnt Menschen in ihrem Herzen. Er bezwingt sie nicht.

Mit diesem Vorzeichen ist das »Macht zu Jüngern« zu verstehen: Weil Jesus Vollmacht hat, Menschen zu gewinnen, wird es gelingen, daß Menschen zu Jüngern werden. Daß Glauben anfängt zu wachsen, ist Jesu Wirken und liegt nicht in unseren Händen.

Die Konkretion ist: »Tauft . . . und lehrt . . .« Nun kann an dieser Stelle keine Taufdiskussion geführt werden. Ich möchte nur einen Gedanken herausgreifen, der alle Christen und die verschiedenen Taufverständnisse verbindet: Jeder empfängt die Taufe, keiner nimmt sie sich selber. Keiner tauft sich selber. Jeder *wird* getauft. Gottes rettende Zuwendung kann sich niemand selber nehmen oder kaufen. Gottes rettende Zuwendung kann letztlich nur empfangen werden. So entsteht Gewißheit des Glaubens, durch die glaubende Menschen sich nicht mehr auf sich selber verlassen, sondern auf den Vater und den Sohn und den heiligen Geist, auf dessen Namen sie getauft sind.

» . . . und lehrt sie halten alles, was ich euch befohlen habe.« In der Lehre Jesu nach dem Matthäusevangelium gibt es zwei Grundlinien, die miteinander verbunden sind. Die erste ist eine starke Herausforderung Jesu zum Handeln. Sie gipfelt im Gebot der Feindesliebe: »Liebt eure Feinde und bittet für die, die euch verfolgen.« Ein Grundton im Matthäusevangelium ist: Glaube kann nicht ohne konkrete Ausdrucksformen sein, in denen er Frucht bringt (Das Volk, das seine Früchte bringt – Mt 21,43; Vom Weltgericht – Mt 25,31-46), in denen er nach außen sichtbar wird, in denen die empfangene Barmherzigkeit weitergegeben wird (Gleichnis vom unbarmherzigen Gläubiger – Mt 18,23-35. Zu den Ausdrucksformen des Glaubens vgl. Kapitel II.). Daneben darf die zweite Grundlinie der Lehre Jesu nicht übersehen werden: Es ist die barmherzige Zuwendung Jesu. Sie gipfelt in der Anleitung zu vertrauensvollem und ehrlichem Gebet (»Unser Vater im Himmel . . .« – Mt 6,7-15). Beide Grundlinien zusammen machen eines unübersehbar deutlich: Jesu Lehre ist Lehre fürs Leben. Lehre ohne umfassende Verankerung in der alltäglichen Lebenspraxis der Christen ist nach dem Matthäusevangelium keine Lehre. Die Worte Jesu, die uns überliefert werden, müssen *auch* vernünftig bedacht und diskutiert werden. Doch das Nachdenken eröffnet nur *einen* Zugang zu diesen Worten. Zu einem umfassenderen Verständnis kommen wir nur, wenn wir uns mit unserer alltäglichen *Lebenspraxis* auf die Worte einlassen. Dann entfalten sie ihre tröstende Kraft. Dann stellen sie auch immer wieder eine provozierende Herausforderung dar, nicht nur in Jesu Aufforderung zur Feindesliebe. Am Ende der Bergpredigt sagt Jesus: »Wer diese meine Rede hört und tut sie, der gleicht einem klugen Mann, der sein Haus auf Fels baute . . .« (Mt 7,24).

## Eigene Wege

Jesus schließt am Ende des Matthäusevangeliums den Auftrag mit der Zusage seiner Gegenwart ab – keine Abschiedsreden, kein Abschied, keine Erzählung von der Himmelfahrt Jesu. Die *Gegenwart* Jesu wird betont: »Siehe, ich bin bei euch alle Tage bis an der Welt Ende.« Das wird den glaubenden und zweifelnden Jüngern gesagt, heute wie damals. Und es nimmt den Anfang des Matthäusevangeliums auf. Jesus ist der Immanuel, der »Gott mit uns«. Jesu Dabeisein auf unseren Wegen ist also das Thema, nicht das Ende der Welt. Letzteres wird vorausgesetzt, nicht eigens betont. Frei übertragen lautet die Verheißung: »Ich bin bei euch bis zu der Zeit, wo ich sichtbar in Erscheinung treten werde. Deshalb: Riskiert etwas in der missionarischen Arbeit. Habt keine Angst, etwas falsch zu machen. Laßt euch auf eure Zeitgenossen wirklich ein. Wagt es, ihnen das Evangelium zu sagen. Versucht es in ihrer Sprache. Geht euren eigenen Weg.«

Das schließt zwei Ermutigungen ein, die ich gegenwärtig für besonders wichtig halte:

(1) »*Macht euch unabhängig von den Meinungen anderer.* Macht euch frei von den ›Vätern und Müttern im Glauben‹, die *ihre* Wege gefunden hatten, das Evangelium weiterzugeben. Davon könnt ihr lernen. Doch neue Zeiten brauchen neue Wege. Glaubt euren Lehrern nicht alles. Nach dem Matthäusevangelium ist nur einer der Lehrer, Jesus Christus (23,10). Geht hin in alle postmoderne Welt – auf euren eigenen Wegen, nicht auf den Wegen eurer Eltern, Jugendleiter und Lehrer. Wie ich bei ihnen bin, so bin ich auch bei euch.«

(2) »*Macht euch unabhängig von den Meinungen anderer.* Glaubt auch den Zeitgenossen nicht alles. Redet ihnen nicht nach dem Mund. Wagt es, die unbequemen und kantigen Seiten des Evangeliums auch zu sagen. Und bezieht euch selber mit ein, wenn ihr zur Umkehr auffordert. Geht hin in alle Welt, aber nicht nur auf den Wegen, die euch die Zeitgenossen jubelnd bereiten. Sagt das, wozu ich euch beauftrage. Habt keine Angst. Ich bin bei euch, riskiert etwas.«

## 2. Zeugnis im Dialog

Wie das Evangelium inhaltlich das berührt, was uns als postmoderne Menschen bewegt, wird in den folgenden Anschnitten erörtert. Hier geht es zunächst um die Frage, wie das christliche

Zeugnis in die Fragestellungen des alltäglichen Lebens eingebracht werden kann. Auf der Suche nach einer Antwort darauf wurde für mich eine Erfahrung in einem Junge-Erwachsene-Kreis zum Schlüsselerlebnis. Ein junger Mitarbeiter erzählte: »Bei mir ist jemand als Anhalter mitgefahren. Ich habe immer gewußt: ›Ich soll missionarisch sein.‹ Aber ich hatte keinen Mut. Mir ist das Herz in die Hosentasche gerutscht. Ich habe es wieder herausgeholt und den Anhalter auf Jesus hin angesprochen... Nach wenigen Sätzen sagte der: ›Und warum läßt euer Gott das ganze Leid in der Welt zu: Die Grausamkeiten auf dem Balkan, den Hunger in Afrika, die Terrorregimes überall auf der Welt?‹... Da war ich mit meinem Latein am Ende. So schnell werde ich niemanden mehr auf Jesus ansprechen.«

Im gemeinsamen Gespräch haben wir entdeckt, was passiert war: Der junge Mitarbeiter hat sich durch die Rückfragen des Gesprächspartners gedrängt gefühlt, Gott zu verteidigen. Das aber geht in der Regel schief.

Mit der Verteidigung hat sich schon Eva versucht – und ist bekanntlich damit gescheitert (1 Mose 3, der Grundgedanke der folgenden Beobachtungen ist entnommen aus: Helmut Thielikke, Wie die Welt begann): Die Schlange fragt Eva im Paradies: »Sollte Gott gesagt haben: ihr sollt nicht essen von allen Bäumen im Garten?« Eva bemüht sich, schnell zu verneinen. Es ist alles erlaubt. Fast alles. »Wir essen von den Früchten der Bäume im Garten; aber von den Früchten des Baumes mitten im Garten hat Gott gesagt: Eßt nicht davon, rührt sie auch nicht an, daß ihr nicht sterbt!« Christen dürfen alles, jedenfalls eine ganze Menge. So wird Eva zur Verteidigerin Gottes. Und bei ihr selber wird das Mißtrauen geboren: Meint es Gott doch nicht nur gut mit uns?

Damit ist die wunde Stelle offengelegt. Die Schlange ist klug genug, das Mißtrauen zu verstärken: »Ihr werdet keineswegs des Todes sterben, sondern Gott weiß: an dem Tage, da ihr davon eßt, werden eure Augen aufgetan, und ihr werdet sein wie Gott und wissen, was gut und böse ist.« Eva fängt an, langsam ihrem eigenen Mißtrauen zu glauben.

Ja, so sind wir Menschen. Solche Situationen gibt es im Leben. Und es ist eine Befreiung, wenn einzelne anfangen, darüber zu reden, in Hauskreisen und Mitarbeiterkreisen, in Gesprächskreisen und Bibelstunden. Dann kann auch nach Hilfen gesucht werden, besser damit umzugehen.

Im Gespräch sind wir in jenem Junge-Erwachsene-Kreis auf folgende Möglichkeit gekommen: Auf die Frage »Warum . . .?« könnte die erste Antwort lauten: »Das frag ich mich auch manchmal.« Und dann kann ich bezeugen, weshalb ich dennoch Christ bin. Das kann auch bruchstückhafte Antworten auf die Frage nach dem Sinn des Leides beinhalten.

In einem Seelsorge-Gespräch fragte mich einmal eine Studentin: »Warum bist du eigentlich noch Christ?« Der Hintergrund der Frage war: ›Du hast doch auch studiert. Du kannst doch denken. Warum ist für dich dann der christliche Glaube noch wichtig?‹ Sie selber hatte in dieser Situation massive, nahezu zerstörende Zweifel. »Warum bist du eigentlich noch Christ?« Da waren keine klugen Sätze gefragt. Da ging es um ein ehrliches Zeugnis.

Aus diesem Erlebnis ist eine Übung entstanden, die ich in mehreren Seminaren zu diesem Thema ausprobiert habe. Ich habe die mir gestellte Frage weitergegeben und die Teilnehmerinnen und Teilnehmer gebeten, jede und jeder möge für sich selber Antworten auf die Frage finden: »Warum bin ich noch Christin oder Christ?« Dabei geht es nicht um Antworten, bei denen wir sagen, was Menschen um uns herum angeblich oder tatsächlich gerne hören würden. Es geht auch nicht darum, die Antworten möglichst korrekt zu geben. Es geht vor allem um Ehrlichkeit uns selber gegenüber. Ob wir die Antworten für gut halten, wo wir weiter mit anderen ins Gespräch kommen wollen, was wir verändern wollen, das können wir alles später überlegen. Jetzt geht es um Ehrlichkeit uns selber und anderen gegenüber. »Warum bin ich noch Christin oder Christ?« (Auf dem folgenden Notizzettel kann eine erste Antwort formuliert werden.)

Das alles bedeutet nicht, daß wir in das Gespräch nur das einbringen könnten, was wir selber erfahren haben. Aber mit diesen Überlegungen ist die Grundrichtung des Gesprächs gezeigt: Es geht darum, auf Gott und sein Handeln hinzuweisen und es zu bezeugen. Und es geht nicht darum, Gott zu verteidigen.

Was bedeutet das nun aber für unser Reden von Jesus, der nach dem Johannesevangelium (14,6) sagt: »Ich bin der Weg, die Wahrheit und das Leben.«?

## 3. Jesus auf dem Markt der Wahrheiten

Die Theologie der letzten beiden Jahrhunderte ist wie die Moderne überhaupt (vgl. Kapitel I.) durch die Fragestellung geprägt: Was ist wahr? Die Antworten fallen unterschiedlich aus: »Jesus ist wahrhaft vorbildlicher Mensch.« »Jesus ist wahrhaft Friedensstifter.« »Jesus lebt wahrhaftig in den Menschen guten

51

Willens weiter.« Das sagen die einen. Die anderen betonen: »Jesus ist wahrhaft Gottes Sohn.« »Der Herr ist auferstanden. Er ist wahrhaftig auferstanden.« »Jesus hat wahrhaftig Menschen von ihren körperlichen Gebrechen geheilt.« Die Antworten sind tatsächlich sehr unterschiedlich. Was ihnen gemeinsam ist, ist die Bemühung um die Frage nach der Wahrheit. »Wer ist Jesus in Wahrheit?«

Dazu erscheint gegenwärtig wieder eine Fülle von Literatur, die sich auf die historische Frage konzentriert. »Wer war Jesus wirklich?« fragt Klaus Berger. Gerd Theißen setzt mit »Der Schatten des Galiläers« die Ergebnisse seiner historischen Forschung in eine Erzählung um. Viele weitere seriöse und noch viel mehr reißerische Jesus-Bücher erscheinen. Und Spiegel und Focus nehmen sich in gewisser Regelmäßigkeit (Weihnachts- und Osterausgaben) dieses Themas an. So meldet Focus (Nr. 14, 1997, S. 160): »Weltweit kommen täglich vier neue Jesusbücher auf den Markt, hat der amerikanische Religionsstatistiker David B. Barrett herausgefunden. Seit 1970 gibt es 25077 Werke, die seinen Namen im Titel führen. Als Gesamtauflage für das vergangene Jahr nennt Barrett die astronomische Zahl von 1,8 Milliarden Bücher. Zeitschriften- und Zeitungsartikel kommen hinzu.« Wer einen ersten Überblick über die Fülle der Literatur haben möchte, sei auf das Buch »Der verfälschte Jesus« von Roman Heiligenthal verwiesen, in dem er verschiedene moderne Jesusbilder kritisch untersucht.

Nun ist die Frage postmoderner Menschen häufig nicht »Was ist wahr?«, sondern: »Was hilft?« Unter dieser Fragestellung wird dann auch das wahrgenommen, was als historisch zuverlässig gilt. Ob es für das eigene Leben eine Bedeutung hat und vielleicht eine Hilfestellung bietet, ist damit noch nicht entschieden. Denn ein immer weiter verbreitetes Glaubensbekenntnis lautet: »Absolute Wahrheit gibt es nicht.« Nun können wir freilich diese Beobachtung leugnen oder die Augen davor verschließen. Wenn wir aber das, was wir vom Evangelium her zu sagen haben, auf das beziehen wollen, was postmoderne Menschen bewegt, dann müssen wir die verbreitete Überzeugung »Absolute Wahrheit gibt es nicht« erst einmal aushalten.

Wenn wir das wagen und nicht die Augen verschließen, bringen uns diese Beobachtungen freilich in Verlegenheit. Viele von uns sind erst einmal verunsichert. Denn wir haben noch keine wirklichen Antworten für unsere Zeit entwickelt. – Vielleicht ist das auch gar nicht der erste Auftrag der Christen, Antworten auf Fragen der Zeitgenossen zu geben. – Und platte Antworten helfen sowieso nicht weiter.

Eine Möglichkeit wäre, Jesus als Helfer anzupreisen. Die Frage der Leute ist: »Was hilft?« Unsere Antwort könnte lauten: »Jesus ist der, der dir hilft.« Manche Verkündigung läuft ja nach diesem Muster. Jesus ist dann der, der auf übernatürliche Weise eingreift und hilft. Oder Jesus ist der, der uns in den verschiedensten Bereichen ein Vorbild gegeben hat und der uns dadurch hilft. Richtig an solchen Antworten auf die postmoderne Frage ist, daß Jesus *auch* eine helfende Seite hat. Doch diese ausschließlich in den Vordergrund zu stellen, ist gefährlich. Spätestens wenn er nicht so hilft, wie es Menschen gerne hätten, steht die Glaubwürdigkeit des christlichen Glaubens auf dem Spiel. In dieser Hinsicht ist die Begründung des Umweltministers Jürgen Trittin für seinen Verzicht auf die religiöse Eidesformel »So wahr mir Gott helfe« bei der Vereidigung des Kabinetts 1998 nur zu verständlich: »Bisher hat er mir auch nicht geholfen.« Trittin hat damit ausgesprochen, was viele denken. Damit ist für mich keine Legitimation des Verzichts verbunden. Aber das Empfinden vieler Zeitgenossen, das sich in Worten wie denen Jürgen Trittins widerspiegelt, muß ernstgenommen werden. Das kann man als Werteverfall bezeichnen. Das kann man auch als Ehrlichkeit verstehen. Unbequem ist diese Ehrlichkeit für uns vielleicht besonders deshalb, weil viele Menschen damit – gewollt oder ungewollt – ehrlich die Finger in die Wunden der Christen und der Kirche legen. Und das schmerzt.

Menschen sind postmodern. Erst wenn wir das wirklich anerkennen und unsere Augen nicht davor verschließen, können wir uns – als ebenfalls postmoderne Menschen – auf unsere Zeitgenossen einlassen und nach Möglichkeiten suchen, wie das Evangelium in unserer postmodernen Zeit Wurzeln schlagen könnte.

Die andere Möglichkeit wäre, die postmoderne Frage »Was hilft?« nicht ernst zu nehmen und einfach weiterhin von Jesus als Wahrheit zu reden. Dieses Reden müßte mit der Bemühung einhergehen, Verständnis für die Frage nach der Wahrheit zu wecken. Es ist ja keineswegs so, daß alle Menschen in der Postmoderne ausschließlich fragen würden »Was hilft?«. Und theologisch ist es zweifelsfrei richtig, von Jesus als Wahrheit zu sprechen. Was aber geschieht, wenn bei manchen Zeitgenossen die Betonung der Wahrheit nur als Fundamentalismus ankommen kann? Jesus ist alles andere als ein Fundamentalist, dem es in erster Linie um das Festhalten und Durchsetzen bestimmter Wahrheiten geht. Jesus investiert Vertrauen und gewinnt die Herzen der Menschen. Er deckt wahr-haftig auch auf, was Menschen gar nicht so gerne wahr-haben möchten. Aber er tut es als der, der Gottes Liebe in dieser Welt sichtbar macht. Er ist keine kalte Wahrheit, die Menschen ängstigen müßte. Weil er uneingeschränkte Liebe ist, können Menschen in der Begegnung mit Jesus tatsächlich wahr-haben, was sie von Gott und ihren Mitmenschen trennt. Und so können sie wahr-haftig sich selber und anderen gegenüber werden. Diese Wahrheit hat aber mit Fundamentalismus schlechterdings nichts zu tun.

So bleibt die Frage: Wie können wir Jesus als die Wahrheit (Joh 14,6) so glauben und bezeugen, daß es dem Wesen Jesu und seinem Tun und Lassen entspricht?

## 4. Warum Christen als Zeitgenossen und Zeugen nicht Pächter der Wahrheit sind

Eine erste Antwort auf die eben gestellte Frage ist: Wir müssen unterscheiden lernen zwischen dem Absolutheitsanspruch des Christentums und dem radikalen Anspruch Jesu. Wenn wir auf den radikalen Anspruch Jesu verweisen, dann ist das nur glaubwürdig, wenn wir uns selber einbeziehen. Als Christen bleiben wir nicht außen vor. Wir sind nicht diejenigen, die den *anderen* Menschen Jesu Anspruch verkündigen. Jesu radikaler Anspruch gilt zunächst *uns* als seinen Jüngerinnen und Jüngern. Und dem müssen wir uns stellen. Ich bin mir nicht sicher, wie weit wir das wollen, wie sehr ich das will, wenn ich ehrlich werde mir gegenüber. Radikal ist der Anspruch, weil er wahrhaft an die Wurzeln geht und so wahrhaftig macht. »Liebt eure Feinde und bittet für die, die euch verfolgen« (Mt 5,44). »Richtet nicht, damit ihr nicht gerichtet werdet. ... Du Heuchler, zieh zuerst den Balken aus deinem Auge; danach sieh zu, wie du den Splitter aus deines Bruders Auge ziehst« (Mt 7,1.5). Radikal ist der Anspruch Jesu, weil wir ganz auf Gottes Barmherzigkeit angewiesen sind und gleichzeitig berufen sind, unser ganzes Leben Gott und damit dem Dienst an dieser Welt zu widmen. Wie die Menschen um uns herum sind wir selber auf Gottes Barmherzigkeit angewiesen. Wie die Menschen um uns herum sind wir selber zur Hingabe und zum Dienst berufen.
Die Grundfrage ist also: Können wir die Fragen unserer Zeitgenossen an uns heranlassen, ohne Angst, dabei die eigenen Wurzeln zu verlieren? – Wir werden dabei spüren, daß es häufig auch unsere eigenen Fragen sind, die die Menschen um uns herum stellen. – Sind wir als *Zeitgenossen* Zeugen Jesu Christi? Oder fühlen wir uns heimlich auf der Seite Gottes und verkündigen den Zeitgenossen sozusagen von oben herab Gottes Wahrheiten? Mit den Studierenden in der Evangelistenschule Johanneum in Wuppertal frage ich in der Ausbildung zur Ver-

kündigung – z. B. bei Predigt- oder Bibelarbeitsbesprechungen – manchmal: Stehen wir oben auf der Kanzel, fühlen uns an der Rechten Gottes, und sagen den Menschen, was richtig ist? Oder stehen wir unten, neben den Jugendlichen, neben der Gemeinde, mit einem großen Ohr bei Jesus? Ich weiß um die Problematik dieser Fragestellung, weil es in der Verkündigung ja gerade darum geht, als Beauftragte Jesu seine Botschaft weiterzugeben.

Worum es mir bei der zugespitzten Fragestellung geht, ist folgendes: Ich möchte drei Gefahren abwehren,
(1) sich zu schnell mit dem Evangelium zu identifizieren und so Jesu Anspruch und Zuspruch nicht mehr wirklich zu hören,
(2) die Distanz zu den Menschen um uns herum zu verstärken statt sie zu überwinden,
(3) die Autorität des Evangeliums für die unmerklich machtvolle Durchsetzung eigener Ziele zu mißbrauchen.
Glaubwürdig wird unsere Verkündigung dann, wenn wir als Christen das bleiben, was wir sind: Menschen. Das entspricht zutiefst unserer Sendung als Boten Christi. Denn das Wesen Christi ist es ja, daß er als der Gottessohn *Mensch* geworden ist.

## 5. Sünde benennen und Fähigkeiten würdigen

*Sünde – halb so schlimm, vielleicht doch mit Folgen*

Umgangssprachlich wird das Wort Sünde ganz selbstverständlich gebraucht. »Außen Unschuld, innen Sünde«, lautet eine Eiswerbung. »Naja, heute kann ich ja ausnahmsweise mal sündigen«, sagt eine Diabetikerin an ihrem 70. Geburtstag und nimmt sich noch ein Stück Torte. »Einmal ist keinmal«, rechtfertigt ein Mann seinen Seitensprung. In Flensburg wird eine »Verkehrssünderkartei« geführt. Umweltschützer achten auf »Umweltsünden«. Diese wenigen Beispiele könnten noch lange fortgesetzt werden. Sie spiegeln zwei Einstellungen gleichzeitig wider, die zunächst einmal gegensätzlich erscheinen. Zum einen wird Sünde als halb so schlimm empfunden. Sünde ist das, was das Leben schön und angenehm macht. Da manches davon verboten ist, bekommt es seinen eigenen Reiz und wird um so prickelnder. Zum anderen steckt eine Ahnung in den eben beschriebenen Sprüchen: Wenn die als Sünde bezeichneten Dinge zu häufig konsumiert oder getan werden, könnten sie langfristig doch irgendwann negative Folgen haben. Gehäufte oder besonders heftige »Umweltsünden« zerstören z. B. bestimmte Teile dieser Erde unwiederbringlich.

Christen haben teilweise größere Probleme im Gebrauch des Begriffs »Sünde« als andere Zeitgenossen. Die einen betonen, daß es sich hierbei um eines der zentralen Themen des christlichen Glaubens handelt. Die anderen haben gerade das jahreoder jahrzehntelang gehört und mit einem negativen Menschenbild verbunden. »Ich bin nichts« oder »Ich kann nichts« sind die Leitsätze, die sie sich ihnen eingeprägt haben. Und weil das für sie so eng mit dem Begriff Sünde verbunden ist, können sie damit überhaupt nichts mehr anfangen. Sie meiden das Wort »Sünde« am liebsten.

John Finney, anglikanischer Bischof, seit kurzem im Ruhestand, hat in einer Untersuchung, wie Menschen heute zum christlichen Glauben kommen, auch nach dem Sündenverständnis der Menschen gefragt, bevor sie zum Glauben kamen (dokumentiert in seinem Buch »Finding Faith Today«, S. 33 f). Seine Untersuchungen haben ergeben: Fast die Hälfte der Befragten hat sich in keiner Weise schuldig gefühlt (49%). 21 % gaben an, sich irgendwie allgemein schuldig zu fühlen, 12 % wußten es nicht, nur 18 % empfanden eine spezielle Schuld. Finneys Ergebnis ist: Es gibt heute nahezu kein Bewußtsein mehr für persönliche Schuld bzw. Sünde. Das mag in Deutschland noch nicht so stark ausgeprägt sein. Und doch beschreiben die Zahlen aus England, was wir auch in Deutschland zutiefst spüren: Ein ausgeprägtes Bewußtsein für Sünde und Schuld ist in der Regel nicht zu beobachten.

Das wird von vielen insofern als problematisch empfunden, weil damit ein wichtiger Anknüpfungspunkt für die Verkündigung verloren gegangen ist. Denn wer sich nicht schuldig fühlt, dem kann auch nicht einfach Vergebung zugesprochen werden. Nun versuchen manche, den Hörerinnen und Hörern in der Verkündigung ein Sündenbewußtsein einzureden, damit sie anschließend die Vergebung um so leuchtender beschreiben können. Die anderen verschweigen das Thema »Sünde und Sündenvergebung«, was sich z. B. auch darin niederschlägt, daß in manchen neuen Gesangbüchern eine Hilfestellung und Anleitung zur Einzelbeichte schlicht fehlt. Doch Verschweigen ist schon deshalb keine Lösung, weil es die befreiende Wirkung der Vergebung denen vorenthält, die sich schuldig wissen.

So stellt sich die Frage: Wie können wir sinnvoll, evangeliumsgemäß und für Menschen unserer Zeit hilfreich mit dem Begriff Sünde umgehen? Wie können wir neu verstehen lernen, was Sünde ist? Und wie können wir im persönlichen Gespräch und in der Verkündigung entsprechend von Sünde reden?

## Perspektivwechsel: Umkehr zu Jesus statt Umkehr von der Sünde

John Finney antwortete in einem Referat auf die Frage, wie wir in der missionarischen Verkündigung von Sünde sprechen können: Muß in der Verkündigung immer gleich von Sünde gesprochen werden? Mit dieser Gegenfrage wollte er nicht die

58

Bedeutung des Themas Sünde in Frage stellen. Doch in einer zunehmend missionarischen Situation ging es ihm darum, daß wir von den Themen, die uns wichtig sind, für unsere Zeitgenossen verständlich sprechen. Auf der Suche nach solcher verstehbarer Sprache stellte John Finney zunächst einmal fest, daß er keine Lösung anzubieten habe. Ein Lücke zu benennen mag der erste Schritt zu einer Lösung sein. Anschließend gab er dann doch eine Spur an, wie eine solche Lösung gefunden werden könnte. Er schlug vor, den Begriff Umkehr neu zu durchdenken. Damit sind verschiedene Fragen verbunden: Ist unser Verständnis von Umkehr nicht zu stark durch ein vorreformatorisches Sündenverständnis geprägt, das Luther zu der Frage brachte: »Wie kriege ich einen gnädigen Gott?« Wir gehen selbstverständlich davon aus, daß wir *von etwas weg* umkehren, daß wir uns von der Sünde abkehren. Das steht im Neuen Testament keineswegs im Vordergrund. Jesus spricht: »Die Zeit ist erfüllt und das Reich Gottes ist herbeigekommen. Kehrt um und glaubt an das Evangelium.« Da geht es um Umkehr *hin zu etwas*, um Hinkehr zum Reich Gottes, zum Evangelium, zu Jesus als Person.

## Menschen mit ihrer Stärke herausfordern

Jesus beruft die Jünger, beauftragt sie und traut ihnen etwas zu: »Folgt mir nach; ich will euch zu Menschenfischern machen!« Da steht nicht im Vordergrund, wovon sich die Jünger abwenden, sondern wem sie sich zuwenden. Da gibt es nichts, was die Jünger bedrücken würde (wie die Sünde) und wovon Jesus jetzt Befreiung (Vergebung) verkündigen würde. Jesus beruft die Jünger zur Nachfolge und zum Dienst. Das muß m.E. im Gespräch mit Menschen unserer Zeit viel stärker herausgestellt werden: Es geht um unsere Umkehr oder Hinkehr zu jemandem, zu dem Gott, der sich in Jesus gezeigt hat. Und in der christlichen Verkündigung geht es um Berufung zur Nachfolge und zum Dienst. »Jugend will gebraucht werden« lautete die Überschrift eines Artikels über eine neu veröffentlichte Jugendstudie. Das gilt auch für Erwachsene: Menschen wollen gebraucht werden. Darin steckt auch: Menschen wollen beteiligt werden an etwas, das größer ist als das eigene Leben. Menschen wollen – neben dem Streben nach Unabhängigkeit – sich auch hingeben, sich für etwas einsetzen. Diese Sehnsucht wird in der Berufung zur Nachfolge angesprochen. Wenn wir den Umkehrbegriff in dieser Weise neu durchdenken, können Menschen nicht nur als Schuldige angesprochen werden, sondern auch als Menschen, die etwas können, die sich einbringen können, die begabt sind und ihre Stärken haben. Den Umkehrbegriff aus der Enge des reformatorisch geprägten Verständnisses herauszuholen und die eben gezeigten anderen Dimensionen hinzuzunehmen, eröffnen für die christliche Verkündigung ganz neue Möglichkeiten, sich auf Menschen unserer Zeit einzulassen.

Das schließt keineswegs aus, daß das Thema Sünde zur Sprache kommt. Aber es muß nicht das erste Thema sein, nicht das Thema, mit dem Menschen auf den Glauben hin angesprochen werden. Und es darf auch für Christen nicht so behandelt werden, daß die einen immun dagegen und die anderen depressiv werden.

## Wenn von Sünde gesprochen wird, dann bitte differenziert

Wenn die Veränderung im Verständnis von Umkehr vollzogen wird, können wir in der christlichen Verkündigung die Unterschiedlichkeit der Menschen unserer Zeit würdigen und wenn, dann differenziert von Sünde reden. Dabei kann es hilfreich sein, drei Bereiche zu unterscheiden.

(1) *Schuld darf benannt werden.* Was wichtiger Bestandteil christlichen Glaubens ist, hat nach wie vor eine wichtige Funktion in der missionarischen Verkündigung. Wo Menschen sich schuldig wissen, darf Schuld benannt und vor anderen ausgesprochen werden. Und wesentliche Aufgabe der gemeinsamen Beichte im Gottesdienst oder der Einzelbeichte bleibt der Zuspruch der Vergebung der Sünden. Dieser wichtige Dienst darf den Menschen, die ihn dringend brauchen, nicht vorenthalten werden. Das Thema Sünde zu verschweigen, würde Menschen nicht ernstnehmen. Der Vergebungszuspruch hat befreiende Wirkung, läßt wieder neu aufatmen, kann den Sog nach unten und den Zwang, wieder sündigen zu müssen, durchbrechen. Das Aufdecken von Sünde darf nicht erzwungen, aber auch nicht verhindert werden.

Wenn wir von der Umkehr hin zu Jesus ausgehen, rückt die Frage danach, was nun als Sünde zu gelten hat und was nicht, in die zweite Reihe (vgl. die Unterscheidung von Letztem und Vorletztem am Anfang des zweiten Kapitels »Glaube braucht konkrete Schritte«). Es geht an dieser Stelle nicht um eine genaue Klärung dessen, was Sünde ist und was nicht, damit wir eine Absicherung Gott gegenüber haben. Denn christlicher Glaube bedeutet: Menschen verlassen eigene Absicherungen und verlassen sich auf den Gott, der jenseits von Absicherungen Sünde vergibt. Das erzwingt nichts. Das ermöglicht aber, Sünde als etwas Zerstörendes zu benennen.

(2) Schuld ist häufig nicht nur individuell zu verstehen und nicht nur auf das einzelne Menschenleben zu beziehen. *Wir Menschen leben in Schuldverstrickungen,* zu denen wir selber beitragen, zu denen aber auch andere beitragen. Christliche Verkündigung hat an dieser Stelle eine Entlastungsaufgabe: Ohne daß Schuld auf andere geschoben werden soll, muß doch in einer Zeit, in der jede und jeder für alles verantwortlich zu sein scheint (nicht zuletzt durch die Medien verstärkt), auch gesagt werden, daß wir nicht an allem Schuld haben und nicht für alles Verantwortung übernehmen müssen. Diese Begren-

zung hilft, *die* Verantwortung zu übernehmen, die wir haben. Denn: Wer für alles verantwortlich gemacht wird, zerbricht oder flieht aus der Verantwortung.

(3) Manchmal haben *Schuldgefühle* nichts mit Schuld zu tun, oder sie sind *unangemessen stark, heftig, lange andauernd.* So ist das manchmal, besonders in christlichen Kreisen. Die Vergebung ist längst zugesprochen, aber das Schuldgefühl mag nicht weichen. Die Aussprache mit dem Streitpartner hat längst stattgefunden, aber noch immer plagen einen Schuldgefühle. Wenn es um solche gesteigerte Schuldgefühle geht, dann ist nicht der wiederholte Vergebungszuspruch die richtige Antwort. Dann muß auf der persönlichen Ebene nachgefragt werden, z. B.: Welche Gottesvorstellungen sind mit den Schuldgefühlen verbunden? Hier kann die Verkündigung nur begrenzt Hilfe leisten. Seelsorgerliche Gespräche sind der Ort, wo diese Fragen geklärt werden müssen. Dennoch muß auch in der Verkündigung darauf geachtet werden, daß gesteigerte Schuldgefühle nicht ständig genährt werden. Nicht idealistisch, sondern realistisch von Menschen in der Bibel zu erzählen, von Sünde genauso wie von Gelingen und Können zu reden, halte ich für einen sinnvollen Beitrag dazu. Damit bin ich wieder bei den Überlegungen zum Umkehrbegriff: Es geht nicht primär um Umkehr von der Sünde, sondern um Umkehr hin zu Jesus, der uns zum Glauben, zur Nachfolge, zum Dienst beruft.

## Gemeinde Jesu als Vergebungsgemeinschaft

Auf dem Weg der Nachfolge wird die Entdeckung dessen, was Sünde ist, freilich vertieft werden. Manches wird erst in der Perspektive des Glaubens als Ausdruck der Trennung von Gott erkennbar. Die Entdeckung der Barmherzigkeit Gottes hilft, sich selbst gegenüber die Abgründe des eigenen Herzens einzugestehen. In der Gemeinde Jesu kann das tatsächlich eingeübt werden: *Christen leben von der Vergebung der Sünde, nicht von der Vermeidung der Sünde.*

Wenn ich Gemeinden und christliche Gemeinschaften anschaue, frage ich mich allerdings manchmal: Wo wird erkennbar, daß die christliche Gemeinde eine Vergebungsgemeinschaft darstellt? Wird der Eindruck, Christsein bedeute, anständig zu leben, nicht zuletzt durch die Christen selbst gefördert? Wie schwer es ist, diese Gedanken nicht nur zu denken und auszusprechen, sondern in der Gemeinde Jesu ins Bewußtsein zu heben, zeigt ein Predigtbeispiel, in dem es nach der Wende um Stasi-Verstrickungen der Kirche ging:

»Die Verdächtigungen und Vorwürfe sind Belastung und Chance zugleich ... Die Kirche und ihre Mitarbeiter sind mit den gleichen Problemen wie die Gesamtgesellschaft konfrontiert. Viele stehen unter Verdacht ... (Das könnte eine Chance zur Vergebung werden.) Damit stünde die Kirche wieder mitten im Leben aller Menschen, nicht nur in dem der Kirchgänger. Sie wäre wirklich wieder Wegweiser in weglosen Situationen, würde glaubhaft mitteilen, daß Gott sich auch und gerade dem Schuldigen naht und ihn annimmt, sie würde das Heil für die Mühseligen und – mit Schuld – Beladenen sichtbar werden lassen.

Voraussetzung dafür ist, daß sie und ihre Mitarbeiter selbst lernen, mit der Schuld umzugehen: in der Offenheit des Eingeständnisses, im rückhaltlosen Gespräch zwischen Tätern und Opfern und im schließlichen Bewußtsein, daß sie trotz des Geschehens in Gott und durch den Glauben zusammengehören und zusammen sein können. Das mag von einzelnen Betroffenen oft sehr viel verlangt und sehr schwierig sein, aber vielleicht ist gerade das der Prüfstein und zugleich der Dienst, den heute die Kirche zu leisten hat, durch den sie wieder ihre eigentliche Glaubwürdigkeit und Kraft gewinnt. Denn hier und hierbei wird sichtbar und wirklich, was gelebter Glaube sein und bewirken kann, gerade in höchst schuldhaften und problematischen Situationen.«

Schön wäre es, wenn es gelingen könnte, an dieser Stelle glaubwürdig zu sein. Uns wird aber auch das nur bruchstückhaft gelingen. Wir bleiben angewiesen auf Gottes Barmherzigkeit.

Ähnlich wird es auch in der 3. These der Barmer Theologischen Erklärung von 1934 formuliert (Hervorhebung von mir): »Die christliche Kirche ... hat mit ihrem Glauben wie mit ihrem Gehorsam, mit ihrer Botschaft wie mit ihrer Ordnung mitten in der Welt der Sünde als die *Kirche der begnadigten Sünder* zu bezeugen, daß sie allein sein [s.c. Jesu Christi] Eigentum ist, allein von seinem Trost und von seiner Weisung in Erwartung seiner Erscheinung lebt und leben möchte.«

## Gemeinde Jesu als tätige Gemeinschaft

Gemeinde Jesu ist Vergebungsgemeinschaft. Genauso wichtig ist: Gemeinde Jesu ist tätige Gemeinschaft, in die die einzelnen Christinnen und Christen ihre Stärken, ihre Begabungen und ihre Fähigkeiten einbringen. Und das, was Christinnen und Christen können, muß als solches auch gewürdigt werden. Zu diesem Thema ist bereits vieles gesagt und geschrieben worden. Eines allerdings finde ich selten und frage ich mich immer wieder: Wie können wir es fördern, daß sich auch solche Menschen einbringen können, die nicht die Gabe des Redens und der Leitung haben und solche Fähigkeiten auch nicht entwickeln können? In der Gemeinde werden Leiterinnen und Leiter gesucht für Gruppenarbeit, für Kinder- und Jungscharstunden, für Jugendgruppen und Hauskreise und Chorarbeit. Dazu muß man reden und vorne stehen können. Wo aber sind die Möglichkeiten für diejenigen, die sich anders einbringen können und wollen? Wo sind die Möglichkeiten für diejenigen, die handwerklich begabt sind oder einfach Zeit haben und kleine Aufgaben übernehmen könnten? Wer in den Gemeindeleitungen hat Zeit und Phantasie, Möglichkeiten für solche Menschen zu schaffen? So gibt es zum Beispiel viele junge Familien, denen etwas Entlastung in den alltäglichen Aufgaben des Lebens gut täte. Und es gibt rüstige Seniorinnen und Senioren, die über Einsamkeit klagen. Beides könnte verbunden und in der Gemeinde vermittelt werden. Daß es dabei Probleme geben kann, z. B. wenn gegenseitige Erwartungen nicht offen ausgesprochen und geklärt werden, muß ja kein Hindernis sein, es zu probieren. Probleme stellen bekanntlich auch Chancen dar. Oder: Es gibt viele Menschen, die sich selber handwerklich nicht gut helfen können. Vielleicht gibt es auch handwerklich Begabte, die gerne einen Tag im Monat anderen Menschen zur Verfügung stellen würden. Auch hier müssen mögliche Probleme kein Hinderungsgrund sein. Wenn klar ist, daß es bei dem einen Tag im Monat bleibt und mit dem kleinen Finger nicht die ganze Hand genommen wird, könnten sich Menschen einbringen, deren zeitliche Möglichkeiten begrenzt sind.

Wie auch sonst geht es um vereinbarte, nicht um verordnete Verbindlichkeit. Wo Erwartungen offen geklärt und Verbindlichkeiten vereinbart werden, können sich viele Menschen einbringen.

Damit ist bereits angedeutet, was im nächsten Kapitel entfaltet wird: Die Kirche kann, besser: ihre einzelnen Glieder können durchaus etwas dazu beitragen, daß die Distanz der Kirche zu den Menschen unserer Zeit überwunden wird.

# IV. Eine Kirche, die ihre Distanz zu den Menschen überwindet

*Verräterische Sprache: »Kirchendistanzierte« und »Kirchenferne«*

Die Begriffe »Kirchendistanzierte« und »Kirchenferne« sind fast in aller Munde. Und die damit verbundenen missionarischen Überlegungen sind beachtenswert. Doch die Begriffe haben auch eine problematische Seite: Sie lassen eine deutlich binnenkirchliche Sichtweise erkennen. – Ich schreibe hier wie auch sonst in der Wir-Form, weil ich mich selber einbeziehe, nicht weil ich vereinnahmen will. – Die binnenkirchliche Sichtweise ist: Wir Menschen in der Kirche überlegen uns ein Wort für Menschen draußen vor der Kirche, für Menschen, die eigentlich dazugehören und aus ganz unterschiedlichen Gründen nicht oder nicht mehr kommen. Wir Menschen in der Kirche sprechen aus unserer Sicht. Und Menschen draußen vor der Kirche befinden sich aus unserer Sicht in geringerer oder größerer Distanz zur Kirche. Die Begriffe »Kirchendistanzierte« und »Kirchenferne« verraten eine ganz bestimmte Perspektive: Die Kirche ist der Maßstab und Menschen werden nach ihrer Nähe oder Distanz zu ihr bezeichnet. Als Kürzel für eine binnenkirchliche Kommunikation könnte das womöglich akzeptiert werden. Nach außen aber signalisiert es, was viele Menschen in unserer Kirche denken: »Ihr draußen vor der Kirche, ihr seid die Distanzierten. Ihr, die ihr nicht mehr zum Gottesdienst kommt, seid die Fernen.« Mit entsprechenden Programmen ist dann schnell die Botschaft verbunden: »Wir, die Menschen in der Kirche, versuchen jetzt, euch wieder näher an uns heran-zuholen.« Die Sprache verrät: Es geht darum, aus Kirchendistanzierten oder Kirchenfernen wieder Kirchennahe zu machen. Aber die Leute wollen vielleicht gar nicht, daß das mit ihnen gemacht wird.

Für viele Menschen ist die Kirche nicht selbstverständlich der Maßstab. Sie empfinden sich nicht als Distanzierte. Sie erleben vielmehr eine distanzierte Kirche, eine ferne Kirche, weit weg von den Orten, an denen das Leben spielt, weit weg von den Themen, die Leute bewegen, ohne Raum für die postmodernen Unsicherheiten, Ängste und Hoffnungen.

Das für mich Beeindruckende bei Besuchen in ganz unterschiedlichen anglikanischen Gemeinden in London war: Christen in der anglikanischen Kirche haben wieder angefangen, sich radikal auf die Menschen einzulassen. Damit verbunden ist die einfache Einsicht: *Früher stand die Kirche am Marktplatz. Die Märkte sind mittlerweile woanders. Aber die Kirche steht immer noch da, wo sie seit Jahrhunderten steht.* Deshalb ist es Aufgabe der Kirche, ihre Distanz zu Menschen zu überwinden.

Ein großer Teil dieser Bewegung hin zu den Menschen kann mit dem Stichwort »Church Planting« (Gemeindepflanzung) beschrieben werden: Es geht schlicht darum, daß Gemeinde dort gelebt wird – also dorthin »gepflanzt» wird – wo Menschen leben. Eine Einführung und einen Überblick über die verschiedenen Formen der Gemeindepflanzungen gibt Bob Hopkins in dem Büchlein »Gemeinde pflanzen«. Bei der Lektüre ist zu beachten: In den vergangenen zehn Jahren hat sich die Church-Planting-Bewegung sichtlich weiterentwickelt und nimmt mittlerweile einen wesentlich größeren Raum in der Church of England ein. 1994 beschäftigte sich die Bischofskonferenz, 1995 die Gesamtsynode mit dem Thema. Gegenwärtig sind nach Einschätzung von Bob Hopkins ca. 25 % der 43 Diözesen in Sachen Church Planting interessiert und engagiert, ca. 50 % aufgeschlossen und ca. 25 % ablehnend. Neu erschienen ist: Bob Hopkins/Richard White: Praxisbuch Gemeinde pflanzen. Auf dem Weg zu einem missions- und menschenorientierten Gemeindeaufbau (engl. Originaltitel: »Enabling Church planting»).

Church Planting macht einen großen Teil der Bewegung anglikanischer Christen hin zu den Menschen aus. Diese Bewegung allerdings darauf zu reduzieren, greift zu kurz.

Das alles bedeutet nicht, daß es in der Church of England ideal zuginge. Gerade daß dort »kleine Brötchen« und sehr verschiedene dazu gebacken werden, hat mich beeindruckt, und daß viele Gesprächspartnerinnen und Gesprächspartner sehr interessiert daran waren, welche Formen von Gemeindearbeit, Ideen und Innovationen es bei uns gibt. Zu erörtern, was englische Christen von uns lernen können, ist nicht meine Aufgabe, auch nicht, aus deutscher Sicht zu beurteilen, was Christen in der Church of England tun. Ich möchte dem nachdenken, was wir von den Erfahrungen und Einsichten englischer Schwestern und Brüder lernen können.

Um die Bewegung hin zu den Menschen besser zu verstehen, zeigen zunächst einige Beispiele, wie vielfältig die Überwindung der kirchengemeindlichen Distanz zu den Menschen aussehen kann. Anschließend beschreibe ich eine bei vielen Christen in England vollzogene Perspektivänderung. Schließlich muß erörtert werden, was der Lernertrag für die deutsche volkskirchliche Situation sein kann.

## 1. Wie einzelne Gemeinden ihre Distanz zu den Menschen überwinden

*Gottesdienste feiern, wo die Menschen leben*

Das erste Beispiel macht deutlich: Die Überwindung der Distanz gelingt nicht von heute auf morgen. Ein Pfarrer erzählt von seiner Gemeinde: Neben dem Sonntagsgottesdienst gibt es einen Gottesdienst am Mittwochvormittag, den einige ältere Gemeindeglieder besuchen und bei dem Gespräch möglich ist. Als Pfarrer macht er Hausbesuche und lädt Menschen zum

Gottesdienst am Sonntag ein. Wenn es nicht anders ginge, könnten sie auch am Mittwoch kommen. Das Ergebnis ist: Wer sich einladen läßt, kommt am Mittwoch. Gegen den Gottesdienstbesuch am Sonntag spricht für die Eingeladenen viel: Die einen gehen einkaufen (der Sonntag ist in englischer Stadtkultur längst kein »Ruhetag« mehr), die anderen besuchen Kinder bzw. Eltern. Bei einigen Frauen hat der Ehemann etwas gegen den Gottesdienstbesuch am Sonntag. Der Pastor erklärte uns: »Ich habe den Leuten immer wieder gesagt: Sie könnten freilich zunächst am Mittwoch kommen, der eigentliche Gottesdienst finde aber am Sonntag statt. Die Leute haben mir immer wieder gesagt: ›Der eigentliche Gottesdienst für uns findet am Mittwoch statt.‹ Irgendwann habe ich es begriffen. Am Sonntag kommen nach wie vor die Leute, die immer kamen, am Mittwoch kommen doppelt so viele.«

Bei den einen ereignet sich eine neue Nutzung bestehender Gottesdienstformen. Die anderen beginnen einen neuen Gottesdienst in einem Stadtteil, aus dem fast niemand zum bisherigen Gottesdienst kommt. Eine Gemeinde im Süden Londons hat vor neun Jahren ein Team gebildet, um die Distanz zu den Menschen in diesem Stadtteil zu überwinden. 2000 Menschen wurden besucht. Wer beim ersten Mal nicht zuhause war, wurde noch einmal besucht. Dann erst wurde eine Einladung in den Briefkasten gesteckt. Die Botschaft bei den Besuchen war: »Wir haben einen neuen Service für Sie. Der Gottesdienst findet jetzt nicht mehr nur in der Kirche unten im anderen Stadtteil statt. Hier oben in ihrer Siedlung gibt es ab September jeden Sonntag um halb elf einen Gottesdienst in der Turnhalle der Schule. Sie sind herzlich eingeladen.« Am ersten Sonntag kamen 73. Seitdem wird dieser Gottesdienst in freier Form gefeiert. Die Lieder werden mit Keyboard und Gitarre begleitet. Die Predigt – häufig durch Laien gehalten – ist elementar und verständlich. Der Gottesdienst ist zahlenmäßig nicht gewachsen. Manche sind weggezogen oder weggeblieben, andere dazugekommen. Manche sind aus dem traditionellen Gottesdienst zu dem in freier Form gewechselt, andere sind von dem in freier Form zu dem traditionellen gewechselt! 73 Menschen – das mag wenig erscheinen gegenüber manchen Zahlen, die uns sonst begegnen. Und doch: Zu diesen Menschen hätte die Kirche ohne diese »Pflanzung« ihre Distanz wohl nie verloren.

Zwei weitere Beispiele zeigen, wie vielseitig die Phantasie für neue Gottesdienstorte und -zeiten ist. Und immer geht es darum, als Kirche dort zu sein, wo die Menschen leben.

In englischen Schulen wird in der Regel von 9–16 Uhr unterrichtet. Einige Verantwortliche einer Gemeinde beobachteten: Um 16 Uhr werden viele Kinder von den Eltern abgeholt. Da sind so viele Leute an einem Ort, wie am Sonntag nie in den Gottesdienst kommen. So startete eine Initiative: Am Montag von 16–17 Uhr wurde ein Gottesdienst in der Schule begonnen – weil die Leute sowieso da sind. Und es kamen auf Anhieb mehr als in den Gottesdienst am Sonntag.

In der City von London verbringen Tausende ihre Mittagspause. Auf diese Situation eingehend veranstalten Gemeinden Halbstunden-Gottesdienste ganz unterschiedlicher Art. Ähnliche Angebote gibt es auch in Deutschland in den City-Kirchen.

## Mit Kindern und Jugendlichen so arbeiten, daß auch Eltern geholfen ist

Eine Supermarktkette eröffnet eine neue Filiale. Die Gemeinde fragt beim Filialleiter an, ob sie an einem Tag in der Woche ein christliches Programm für Kinder im Supermarkt anbieten darf. Der Filialleiter stellt einen Raum zur Verfügung. Nach einigen Wochen stellt er fest: An dem Tag, an dem das Programm angeboten wird, steigt der Umsatz. Er bittet die Gemeinde, das Programm öfters anzubieten. Mittlerweile wird jeden Tag Kinderprogramm angeboten. (Wie so viele Mitarbeiter zu finden sind bzw. ob der Supermarkt teilweise ein Gehalt übernimmt – im englischen Kontext leichter denkbar als bei uns –, blieb offen.) Eine ähnliche Idee ist mir in Wuppertal begegnet: In einer Kirchengemeinde kommen ca. zehn Kinder zum Kindergottesdienst. Während der Woche ist niemand in die Kinderstunde oder Jungschar zu kriegen. Außerdem gibt es nur wenig Mitarbeiter. So entstanden Bibelsamstage für Kinder, einmal im Monat jeweils samstags von 9.30 bis 13.30 Uhr. Eltern können ihre Kinder abgeben und einkaufen gehen. In der Stadtsituation sind oft keine Großeltern in der Nähe. Und der »Erfolg« stellte sich prompt ein: von Anfang an kommen zwischen 50 und 70 Kinder pro Samstag, alles Kinder, die sonst nicht zur Gemeinde kommen und auch für den Sonntag nicht zu gewinnen sind.

## Service aus Interesse an den Menschen

Ein Pfarrer erzählte uns in London von einem Besuchsteam: Bei den Hausbesuchen würden in der Regel zwei Fragen gestellt: »Können wir etwas für Sie tun?« Und: »Möchten Sie, daß wir für Sie beten?« Die Mitarbeiterinnen und Mitarbeiter der Besuchsteams bieten etwas an. Sie fragen offen, ob die Besuchten irgendeine Art von Unterstützung oder Hilfe möchten. Und sie bieten das an, was zu den zentralen Ausdrucksformen christlichen Glaubens gehört: die Fürbitte. Die Voraussetzung für solche Angebote ist: Mitarbeiterinnen und Mitarbeiter sind bereit, Zeit für Hilfeleistungen und Fürbitte zu investieren.

In einer anderen Gemeinde ist im Pfarrhaus neben der Kirche das Medizinische Zentrum untergebracht (Arztpraxis – in England staatlich finanziert. – Der Pfarrer war früher Makler und wohnt in seinem eigenen Haus). Der Arzt gehört zur Gemeinde. In der Praxis ist ein Kasten angebracht, in den Zettel mit Gebetsanliegen eingeworfen werden können. Dafür wird dann am Sonntag im Gottesdienst gebetet. Auch werden in der Gemeinde Heilungsgottesdienste angeboten. Der Arzt ist dabei und ist der festen Überzeugung, daß das in keiner Weise als Gegensatz zu seiner Arbeit verstanden werden darf, sondern als Ergänzung verstanden werden muß. Im Gottesdienst wird nicht Heilung versprochen, sondern darum gebetet. Und es wird ausdrücklich darauf hingewiesen, daß eine mögliche Heilung keinerlei Aussage über Glaube und Unglaube ist. Die erstaunte Antwort auf deutsche Rückfragen war: »Wo steht im Neuen Testament, daß Glaube Voraussetzung für Heilung sei?«

Dem entspricht der Bericht einer Frau: Sie verbindet Glaubenszuversicht und Nüchternheit in einer Weise, wie sie in Deutschland eher selten zu finden ist: Die Frau erzählt von einer Heilung, die vier Jahre zurückliegt. Sie habe Engel gesehen, und sie habe gespürt, wie Gott sie berührt habe. Sie erzählt es sehr zurückhaltend. Ein deutscher Besucher: »Halleluja, eine Heilung durch den Heiligen Geist.« Darauf die Frau: »Nein, durch den Heiligen Geist und durch Medizin.« Der deutsche Besucher bittet: »O, Sie müssen von der Heilung mehr erzählen.« Darauf die Frau: »Ich erzähle nicht so gerne Details von der Heilung, damit andere unterhalten werden.« Der deutsche Besucher fragt noch einmal nach: »Sie müssen sich ganz besonders als Kind Gottes gefühlt haben und einen großen Glauben haben.« Darauf die Frau: »Ich habe mich überhaupt nicht besonders als Kind Gottes gefühlt. Ich war krank. Ich habe auf Gott vertraut wie andere auch – nicht besonders. Ich habe gebetet wie andere auch – nicht immer, schon gar nicht besonders intensiv. Gott hat mich berührt. Eine solche Erfahrung habe ich weder vorher noch nachher noch einmal gemacht. Ich weiß gar nicht, ob ich wirklich glauben würde, daß Gott noch einmal so eingreift, wenn ich wieder ernsthaft krank wäre.« – Dieses Beispiel ist keine Ausnahme. Viele Berichte über Glaubenserfahrungen und Gespräche über Glaubensthemen haben diesen gleichzeitig dankbar-zuversichtlichen und doch nüchternen Ton. Außergewöhnliche religiöse Erfahrungen und nüchternes Nachdenken scheinen nicht so stark auf bestimmte Strömungen oder Bewegungen verteilt zu sein wie in Deutschland.

Eine Gemeinde, die sich nicht zur Church-Planting-Bewegung rechnet, ist St. Botolph's, Aldgate, London. Die Kirche St. Botolph's befindet sich genau an der Grenze zwischen Bankenviertel und dem eher armen Eastend. Der Kontrast könnte nicht stärker sein. Die Gemeinde beschäftigt 46 hauptamtliche Mitarbeiterinnen und Mitarbeiter, davon über 30 Sozialarbeiterinnen und Sozialarbeiter, die zwischen 3 000 und 5 000 Obdachlose betreuen. Die Empore der Kirche ist voll mit Konserven aus den umliegenden Supermärkten. Einzige Sorge: Trägt die Holzkonstruktion die Last? Hauptaufgabe des ersten Pfarrers ist, die Kontakte im Bankenviertel zu pflegen und Sponsoren zu finden. Die Kapelle zeigt: Formen gemeinsamen geistlichen Lebens der Mitarbeiterinnen und Mitarbeiter sind integraler Bestandteil der Arbeit. Besonders zu erwähnen ist: Die Gemeinde leistet sich einen promovierten Theologen, dessen Hauptaufgabe in der theologischen Reflexion der Gemeindearbeit liegt und der gleichzeitig in die Obdachlosenarbeit involviert ist. Eine Praktikantin habe ihn als »professional troublemaker« (beruflicher Unruhestifter) bezeichnet, sagt er, denn er stelle gelegentlich unbequeme Fragen und lege den Finger in die Wunden. Auch so wird die Distanz der Kirche zu den Menschen überwunden. (Im Hintergrund dieses Beispiels ist zu beachten: In der Church of England gibt es keine Kirchensteuer und keine dem Diakonischen Werk vergleichbare Organisation.) Ähnliches wie in St. Botolph's gibt es in Deutschland in der »Tafelbewegung«, die ursprünglich in den USA entstanden ist.

## 2. In Foren verhandeln, was Menschen berührt

*Wozu uns Dianas Tod, der Untergang der Titanic und das ICE-Unglück herausfordern*

Im Jahr nach dem Tod von Lady Diana wurden in England immer wieder Veranstaltungen durchgeführt, in denen Menschen ihre Gefühle aussprechen konnten – und in denen von christlicher Hoffnung gesprochen wurde. Ein Pastor betonte bei einer Konsultation in London: Christen müssen die Chancen von »one off's« nutzen. Das sind einmalige Gelegenheiten, die so schnell nicht wiederkehren.

Manche Christen mögen zu den Diana-Veranstaltungen sagen: Kann denn dieser Kult unterstützt werden? Oder: Wie kann man nur aus dieser Diana eine Heilige machen, heiliger als Mutter Teresa, die in derselben Woche starb? Diese Fragen kann man haben. Und sie müssen auch bedacht werden. Die Gegenfrage ist, ob sie das Handeln blockieren müssen.

In einem Interview fragt Andreas Laser, Referent für Öffentlichkeitsarbeit im Kirchenkreis An der Agger (Evangelische Kirche im Rheinland) zum Thema »Titanic«: »Warum klinken wir uns als Kirche da nicht sofort ein? Warum sagen wir nicht: ›Komm, wir reden darüber. Wir wollen wissen, was dahinter steckt. Wir reden über Leben, wir reden über Tod, wir reden darüber, was nach dem Tod kommt?‹ ... Als der Film aktuell in die Kinos kam, da hätte man spontan auf allen Ebenen diskutieren und solche Gespräche anbieten müssen.« Oder nehmen wir die ICE-Katastrophe von Eschede. Nach einem Lob für die seelsorgerliche Hilfe der Kirche heißt es in dem Interview: » ... warum waren so wenig Kirchenleute in den Medien und in den Fernsehtalkrunden? ... Oder warum gab es in den Kirchengemeinden nicht sofort Gesprächsangebote und Diskussionsforen? Die Aufmerksamkeit und Sensibilisierung bei den Menschen war doch da, über die brennenden Grundfragen des

Lebens ... zu reden. Darüber wollen Menschen reden. Nicht
... ganz allgemein, sondern gerade dann, wenn sie aus dem
Film ›Titanic‹ rauskommen oder die Fernsehbilder von Esche-
de gesehen haben« (Tod, Teufel und Titanic. Verschläft die
Kirche die religiösen Fragen der Zeit? – Interview mit Andreas
Laser, S. 27 f).

Die Beispiele zeigen die Herausforderung für die christliche
Gemeinde. Durch die postmoderne Take-it-easy-Haltung wird
die Schockwirkung von Ernstfällen (plötzliche Trennung, Tod,
Katastrophen, der Kosovo-Krieg) verstärkt. Umso wichtiger ist
es, für solche Ernstfälle Gesprächsforen anzubieten, ohne Vor-
wurf, daß die Leute sonst nicht kommen. In einem Gespräch zu
diesem Thema sagte ein früherer Kollege: »Man müßte in der
Erwachsenenbildung bei aktuellen Themen binnen weniger
Tage qualifizierte Veranstaltungen anbieten können. Doch dafür sind kompetente Christinnen und Christen viel zu ausge-
bucht.« Man muß es wohl tatsächlich so drastisch sagen: Weil
wir als engagierte Christen gerade dabei sind, die Bibelwoche
oder Evangelisationsveranstaltung in einem Jahr vorzuplanen,
haben wir keine Zeit, spontan zu reagieren. Wir denken: ›Bei
der Bibelwoche oder der Evangelisation werden wir dann ja das
Thema ›Tod – und was dann?‹ behandeln. Sollen die Leute doch
dann kommen.‹ Und wir merken gar nicht, daß dann das Thema
vielleicht niemanden mehr interessiert. Jetzt wäre es aber
brennend aktuell. Einer der Hauptfehler an dieser Stelle ist m.E.
die Einstellung, daß wir als Christen erst dann etwas sagen
können, wenn wir eine Antwort wissen. Aber wer sagt denn,
daß wir auf alles eine Antwort haben müssen? Und wer in der
Gesellschaft ist besonders neugierig auf die Antwort der Christen? Unsere eigene Einstellung, daß wir Antworten geben
müßten, hat vielleicht dazu beigetragen, daß die Friedensge-
bete für den Kosovo so schleppend angelaufen sind. Einschät-
zungen zum Kosovokrieg sind auch heute noch schwer möglich. Aber das muß doch nicht hindern, für den Frieden zu
beten. Und für viele wäre es eine Hilfe, wenn Christen ihre

Unsicherheiten und Ängste formulieren und dann auch ihre Hoffnungen und Wünsche ausdrücken würden.

Um auf aktuelle Themen und Ereignisse vorbereitet zu sein, könnte ich mir folgende Schritte vorstellen:

1. Viele Christen in unterschiedlichen Berufen und Lebenslagen üben Sprachfähigkeit in Grundfragen des Lebens, um in entscheidenden Situationen Auskunft geben zu können über die Hoffnung, die unser Leben prägt (vgl. 1 Petr 3,15). Einige davon werden sich dann auch kurzfristig einbringen und notfalls andere Termine absagen können.

2. Es braucht ergänzend zum Glaubenszeugnis der Christen Fachleute aus unterschiedlichen Gebieten, die bereit sind, ihre Fachkenntnisse einzubringen, und die sozusagen einen »Bereitschaftsdienst« bilden. In den Gemeinden einer Region müßte ein solcher Bereitschaftsdienst dann freilich auch bekannt sein. Und das alles geht nicht, ohne daß eine oder einer die Initiative ergreift und die Dinge koordiniert.

3. Schließlich brauchen wir engagierte Menschen (Presbyterinnen und Presbyter, Kirchenvorsteherinnen und Kirchenvorsteher, Pfarrerinnen und Pfarrer, Verantwortliche in der Erwachsenenbildung oder Diakonie), die kurzfristig entsprechende Veranstaltungen organisieren und öffentlich dafür werben.

## 3. Paradigmenwechsel – Emmaus statt Damaskus

*Jesus geht den Weg in die falsche Richtung mit*

Christen in England beschreiben mit der Geschichte der Emmausjünger (Lk 24,13-35) die Veränderung, die sich bei ihnen vollzieht. Die Grundthese ist: Christwerden geschieht in der Regel nach dem Modell Emmaus, nicht nach dem Modell Damaskus. Menschen finden häufig auf dem Weg, in einem Prozeß über einen längeren Zeitraum Glauben. Die einmaligen Ereignisse, plötzliche Bekehrungen wie die des Paulus vor Damaskus sind dagegen seltener.

Ich nenne nur einige Beobachtungen zur Emmausgeschichte. Jesus geht einen langen Weg mit den beiden Menschen, die Jerusalem den Rücken gekehrt haben. Bevor er irgend etwas sagt oder erklärt, erkundigt sich Jesus nach dem Ergehen. Er stellt eine Frage: »Was sind das für Dinge, die ihr miteinander verhandelt unterwegs?« Die Reaktion ist: »Da blieben sie traurig stehen.« Jesus hat mit der Frage angerührt, was die beiden empfinden. Und so fängt Kleopas an, auszusprechen, was ihn bewegt. Jesus scheint wirklich interessiert zu sein. Denn er fragt noch einmal nach: »Was denn?« Und dann läßt er sie ausreden. Er fällt ihnen nicht ins Wort. Er hört zu, ist ganz Ohr. Dabei hätte er ja wichtige Dinge mitzuteilen gehabt. Schließlich war er auferstanden. Doch ausführlich wird erzählt, was die beiden sagen. Das scheint Lukas wichtig gewesen zu sein. Was Jesus sagt, wird teilweise zusammengefaßt: »Und er fing an bei Mose und allen Propheten . . .« Die Worte der Emmausjünger nehmen in der Erzählung mehr als doppelt so viel Platz ein wie Jesu Worte. Jesus läßt sich auf die beiden und ihr Ergehen ein. Soweit kann uns Jesus Vorbild sein für unsere Wege zusammen mit anderen Menschen. Aber: Daß Menschen Jesus als den Auferstandenen erkennen, liegt nicht in unserer Hand. Hier ist eine feine Grenze zu beachten. Hier können wir uns nicht mehr mit dem auferstandenen Jesus identifizieren. Wir müssen die Perspektive wechseln. Jetzt gilt es, die Geschichte aus der Sicht der Emmausjünger zu betrachten. Wir sind auf unseren Wegen angewiesen auf Momente, in denen sich Jesus selber zu erkennen gibt. Die ereignen sich, sind aber nicht machbar. Wenn sie sich ereignen, werden ganze Menschen bekehrt, nicht nur Köpfe. Die Emmausjünger gehen zurück und reden von dem, was sie erlebt haben. (Ein deutscher Teilnehmer bei einer Tagung in London zu diesem Thema meinte: »Wenn wir Deutschen den Auferstandenen sehen würden, würden wir wahrscheinlich als erstes ein Papier verfassen.«)

Die oben genannte Grundthese – Christwerden geschieht in der Regel nach dem Modell Emmaus – wird durch eine umfassende Untersuchung zum Thema bestätigt:


## Wie Menschen heute Glauben finden

John Finney hat im Zusammenhang mit der Church-Planting-Bewegung erforscht, wie Menschen heute Glauben finden (dokumentiert in: John Finney: Finding Faith Today). Insgesamt wurden 511 Menschen (durch Fragebögen oder in Interviews) befragt, die im Jahr zuvor ein »öffentliches Glaubensbekenntnis« abgelegt hatten. Menschen aller Denominationen wurden einbezogen: Anglikaner, Methodisten, Römische Katholiken, Baptisten, Neue Kirchen etc. Menschen aus den verschiedenen geistlichen Strömungen haben sich befragen lassen. Die Gemeinden, aus denen die Befragten kamen, haben sich folgenden Kategorien zugeordnet: »Middle of the road« (Gemeinde der Mitte), evangelikal, traditionell, charismatisch, ökumenisch, liberal, progressiv, konservativ, hochkirchlich, andere. Gefragt nach dem Weg zum Glauben, gaben 31 % der Befragten eine datierbare Bekehrung an, 69 % einen wachstümlichen

Prozeß. Bei den Evangelikalen (nicht in dem negativ abgren-
zenden Sinn, wie es teilweise in Deutschland gebraucht wird –
vielleicht zu vergleichen mit dem innerkirchlichen Pietismus
bei uns) ist das Verhältnis 37 % (datierbare Bekehrung) zu 63 %
(wachstümlicher Prozeß), bei den Nicht-Evangelikalen 20 %
(datierbare Bekehrung) zu 80 % (wachstümlicher Prozeß).
Gefragt nach der Länge des Weges zum Glauben, reichten die
Antworten von einem Tag bis zu 42 Jahren. Durchschnittlich
dauerte bei den Befragten der Prozeß vier Jahre.
Ähnliches ist freilich auch in deutschen Untersuchungen nach-
zulesen. Bei uns scheinen aber noch nicht so deutlich Konsequenzen daraus gezogen zu werden, wie das in England zu
beobachten ist.


## Belong – Believe – Behave

In einem Vortrag spiegelte sich wider, wie diese Einsichten zu
einem Bewußtseinswandel bei Verantwortlichen in den Gemeinden führten. Einer der Pastoren brachte es auf folgenden
Nenner: Bisher gingen wir hinsichtlich der Entstehung christlichen Glaubens davon aus, daß es in der Regel folgende drei
Schritte gibt (englisch beschrieben als drei »Bs«): (1) Behave –
Menschen lernen christliches Verhalten (z. B. je nach Gemeinde und Strömung: Aufstehen und Setzen in der Kirche, Köpfe-
senken bei der Gebetsgemeinschaft, Händeheben bei Anbe-
tungsliedern . . . ) (2) Believe – Menschen finden Glauben. (3)
Belong – Sie gehören allmählich dazu. Diese Reihenfolge sei
nun in der Gemeinde auf den Kopf gestellt worden. (1) Belong –
Als erstes geht es darum, Menschen zu zeigen, daß sie dazugehören (wertschätzend, nicht vereinnahmend). Der nächste
Schritt wird genauso zuversichtlich erhofft, wie klar ist, daß er
nicht machbar ist: (2) Believe – Menschen kommen zum Glauben – in ganz unterschiedlich langen Prozessen. Schließlich,

teils überlappend mit dem eben Genannten: (3) Behave – Gemeinsam wird überlegt, wie christliches Verhalten in unserer komplexen Welt aussehen könnte. Unterschiedliche Einsichten sind erlaubt oder werden zumindest ertragen. Diese Art von Toleranz scheint in England etwas stärker eingeübt zu sein als bei uns.

Sich auf diesen Perspektivwechsel einzulassen bedeutet freilich:

Mit Auseinander-setzungen rechnen, wenn sich die Gemeinde neu zusammen-setzt.

Bei John Finney steckt dahinter der Ansatz: Menschen unserer Zeit, ihre Einstellungen und Themen, moderne und postmoderne Überzeugungen also, stellen – neben den Gefahren, die er auch sieht – eine Chance für biblische Neuentdeckungen dar.

## 4. »Kirchendistanz« statt »Kirchendistanzierte«

Die anglikanische Bewegung ist auf dem Hintergrund der gesellschaftlichen und kirchlichen Situation in England zu sehen. In England hat es zwanzig Jahre gedauert, bis die Bewegung wirklich Raum griff. Die vielen Faktoren (gesellschaftlich, kirchlich), die der Bewegung den Boden bereitet haben, können hier nur auswahlweise und verkürzt benannt werden: Die Säkularisierung ist in England wesentlich weiter fortgeschritten als bei uns (entsprechend der früheren Industrialisierung). Die finanziellen Probleme der Kirche haben eine andere Dimension als in Deutschland. Der Pastorenmangel hilft, das Amtsverständnis neu zu durchdenken und vom Priestertum aller Gläubigen nicht nur zu reden. Der Mangel hilft, Laien in den Gemeinden nicht nur Arbeit, sondern auch Verantwortung zu übertragen. Es gibt nichts Vergleichbares zur deutschen missionarischen Verbandsarbeit (wie CVJM, Evangelischer Gnadauer Gemeinschaftsverband). Die innerkirchlichen Bewegungen und Strömungen sind in England um einiges näher zusammen als in Deutschland. Ökumene innerkirchlicher Strömungen und Toleranz im wörtlichen Sinne von Ertragen anderer Überzeugungen sind besser eingeübt. Theologische Arbeit und Pragmatismus ist kein Gegensatzpaar.

Genauso selbstverständlich wie die empirisch beschreibbaren Faktoren nennen viele anglikanische Verantwortliche das Wirken des Heiligen Geistes, ohne beides gegeneinander auszuspielen. Und immer wieder wird das Gebet als wichtiger Faktor in der Bewegung hin zu den Menschen beschrieben, manchmal als Voraussetzung, manchmal als Begleiterscheinung, manchmal als Folge.

So gibt es vor allem zwei Gründe, warum die Bewegung in England nicht einfach auf Deutschland übertragbar ist – vielleicht spiegelt ja auch der Begriff »übertragbar« unsere Erfolgsorientierung wider: (1) Nicht wenige empirisch beschreibbare Faktoren in England unterscheiden sich also von unserer deutschen Situation. (2) Das Wirken des Heiligen Geistes und eine Gebetsbewegung kann erbeten, aber nicht erzwungen werden. In Diskussionen hierzulande wird der Begriff »Gemeindepflanzung« häufig unter der Fragestellung gebraucht: »Wie kann die Kirche erneuert werden?« Das aber ist wiederum die typisch binnenkirchliche Perspektive. Das Ergebnis der anglikanischen Bewegung zu den Menschen hin wird m.E. in der deutschen Rezeption zu schnell zu einem Programm, wie einer kränkelnden Kirche geholfen werden könnte. Ich formuliere noch einmal spitz, nicht um zu pauschalisieren, sondern um zu pointieren – die Differenzierungen sind an anderer Stelle genügend herausgearbeitet: Wir sind stärker erfolgsorientiert. Wir wollen Lösungen, die schnell greifen. Der Unterschied zwischen unserer Erfolgsorientierung und Leuten aus der englischen Gemeindepflanzungsbewegung ist: Sie haben die Menschen entdeckt, nicht den Erfolg.

Fazit: Church-Planting darf nicht zu einem Programm zur Gewinnung und Integration Kirchendistanzierter werden, denn dann wäre es im Kern mißverstanden. Ansteckend könnte dagegen die Überwindung kirchlicher Distanz zu den Menschen sein, ganz gleich welche Programme sich daraus entwickeln.

## 5. Plädoyer für eine neue »deutsche Messe«

Was in England neu entdeckt wird, ist in der Grundstruktur nichts anderes als das, was Martin Luther in der viel zitierten »Deutschen Messe« fordert. Luther beschreibt *drei Weisen des Gottesdienstes* (Deutsche Messe, S. 88–90). Erstens soll die lateinische Messe erhalten bleiben, denn es gibt darin »viele feine Musik- und Gesang(stücke)« und die Kenntnis von fremden Sprachen ist wichtig für die Bildung der Jugend.

Daneben plädiert Luther für die deutsche Messe »um der einfältigen Laien willen«. Diese zweite Art soll »öffentlich in den Kirchen vor allem Volk« sein. »Unter ihm sind viele, die noch nicht glauben oder Christen sind, sondern die meisten stehen da und gaffen, auf daß sie auch etwas Neues sehen ...« So handelt es sich bei dieser Form um »eine öffentliche Anreizung zum Glauben und zum Christentum«.

Für die »dritte Weise« des Gottesdienstes fehlen Luther die Menschen, »die mit Ernst Christen zu sein begehren«. Hier ist die Wirkungsgeschichte im Pietismus wichtig, wo dieses Anliegen vielfältig aufgegriffen wird (Bibel- und Gebetsstunden, Hauskreise).

Diese drei Weisen des Gottesdienstes stellen eine *Herausforderung auch in unserer volkskirchlichen Situation* dar. Denn: Für die »deutsche Messe« (Gottesdienst nach Agende I bzw.

nach der Erneuerten Agenda am Sonntagmorgen) gilt teilweise, was Luther über die lateinische Messe sagte: Sie hat einen Wert in sich. Sie ist den Leuten vertraut. Und Menschen, die keinen Zugang dazu haben, können z. B. bei Einkehrtagen Zugang zu solchen liturgischen Formen finden und so u. a. auch »Bildung« – in vielfältigem Sinn – erfahren.

Daneben muß es aber eine neue »deutsche Messe« geben, die deutsch im Sinne einer *gegenwärtigen* deutschen Sprache ist, um derer willen, »die noch nicht glauben oder Christen sind«, als »eine öffentliche Anreizung zum Glauben und zum Christentum«. Manche Formen dafür gibt es bereits. Unterschiedliche Gottesdienste werden erprobt. Hier sind weiter Mut und Innovation nötig. Es geht um die Einwurzelung des christlichen Gottesdienstes in der postmodernen Kultur. Der *eine* Gottesdienst kann *vielfältige* Formen haben. Daß die *ganze* Gemeinde (Was ist das eigentlich in der Volkskirche?) in *einen* Gottesdienst, z. B. in den Sonntagmorgengottesdienst kommt, ist in Luthers »deutscher Messe« nicht vorausgesetzt. Das ermutigt, unterschiedliche Gottesdienste gleichwertig nebeneinander zu stellen.

Die Beschreibung der *Gottesdienstordnung* beschließt Luther so: »In Summa sind diese und alle Ordnungen so zu gebrauchen: wo ein Mißbrauch daraus wird, daß man sie flugs abtue und eine andere mache; gleichwie der König Hiskia (2 Kön 18,4) die eherne Schlange, die doch Gott selbst zu machen befohlen hatte, deshalb zerbrach und abtat, weil die Kinder Israel sie mißbrauchten. Denn die Ordnungen sollen zur Förderung des Glaubens und der Liebe dienen und nicht zum Nachteil des Glaubens. Wenn sie das nicht mehr tun, so sind sie schon tot und abgetan und gelten nichts mehr; gleich als wenn … die neuen Schuhe alt werden und drücken, nicht mehr getragen, sondern weggeworfen und andere gekauft werden …« (Luther, Deutsche Messe, S. 102)

Drei Grundkriterien von Werner Krusche, die sich in vielen z.Z. entwickelten neueren Gottesdienstformen widerspiegeln, können Leitgedanken für die (Weiter-)Entwicklung einer neuen deutschen Messe sein (Krusche, Schritte und Markierungen, S. 116–123).

> Der Gottesdienst soll dreifach gekennzeichnet sein. Er soll
> (1) aufnahmefähig sein; Fremde sollen spürbar erwartet werden;
> (2) ausstrahlungskräftig sein; die Gemeinschaft soll etwas ausstrahlen;
> (3) aussendungstüchtig sein; es geht um den Dienst an der Mission Gottes.

# V. Verwurzelung des Evangeliums in postmoderner Kultur

In den bisherigen Kapiteln ging es um praktische Überlegungen, wie das Evangelium in unserer postmodernen Kultur Wurzeln schlagen kann. Doch: Was passiert da eigentlich, wenn das Evangelium in einer sich verändernden Kultur Wurzeln schlägt? An dieser Stelle können wir von den Missionswissenschaften lernen. Dort wird beschrieben und reflektiert, wie das Evangelium in Kulturen fremder Länder Wurzeln schlägt. Inkulturation des Evangeliums ist der Fachbegriff dafür.

## 1. Der Prozeß der Inkulturation im Spiegel biblischer Entdeckungen

Bei dem Prozeß der Inkulturation treffen zunächst Missionarinnen und Missionare, die durch ihre Kultur geprägt sind, auf Menschen aus einer ganz anderen Kultur. In dieser anderen Kultur soll nun das Evangelium Wurzeln schlagen. Dazu braucht es Übersetzungsarbeit in vielerlei Hinsicht.

So wurde, um nur ein Beispiel zu nennen, Anfang der achtziger Jahre in Indonesien die Frage diskutiert, wie das Wort Jesu »Ich bin das Brot des Lebens« (Joh 6,35) übersetzt werden sollte. Grundnahrungsmittel ist in dem Inselstaat Indonesien wie auch sonst in Südostasien Reis. Brot – weich, mit viel Luft, eher gebäckähnlich – gehört nicht zur täglichen Nahrung. Man nimmt es als Kleinigkeit auf die Reise mit. Wie ist in dieser Kultur das Wort vom Brot des Lebens zu übersetzen? Es wurde dann diskutiert, ob das Wort Jesu nicht besser durch »Ich bin der Reis des Lebens« wiedergegeben werden sollte. Gegen diese

Übersetzung sprach der Leibcharakter des Brotes und der Hinweis darauf in der Abendmahlsfeier. Wie sollte Reis gebrochen werden? Dieses Argument führte schließlich dazu, daß das genannte Jesuswort trotz der Bedenken mit »Brot« übersetzt wurde. Es geht hier nicht um das Ergebnis, sondern um den Prozeß. Und der Prozeß zeigt: Es ist nicht von vorne herein klar, wie das Evangelium in einer konkreten Kultur am besten ausgedrückt werden kann.

## Inkarnation und Inkulturation

Daß in jeder Kultur neu nach entsprechenden Ausdrucksformen des Glaubens gesucht werden muß, hängt damit zusammen, daß es das Evangelium ohne kulturelle Ausprägung nicht gibt. Das wiederum ist darin begründet, daß der Gottessohn in Jesus Mensch geworden ist, Mensch einer bestimmten Zeit, eines bestimmten Volkes, einer bestimmten Kultur. Daß der Gottessohn Mensch geworden ist, bedeutet, daß sich Gott nicht auf eine bestimmte Definition des Evangeliums, nicht auf bestimmte Lehrsätze, nicht auf bestimmte Wahrheiten festgelegt hat, sondern auf den einen konkreten Menschen Jesus von Nazareth.

Jesus war Jude. Er lebte in einer bestimmten Kultur. Und die hat ihn als Menschen geprägt. Seine Art zu denken und zu handeln ist jüdisch. Sie ist auch dort jüdisch geprägt, wo Jesus sich kritisch mit jüdischen Vorstellungen und Werten seiner Zeit auseinandersetzt. Jesus spricht in der Muttersprache aramäisch. Und er nimmt damit Denkformen auf, die diese Sprache ausmachen. In den Gleichnissen spiegelt sich die Gesellschaftsstruktur und Arbeitswelt seiner Zeit wider: Tagelöhner finden Arbeit oder auch nicht. Die Gesellschaft ist vor allem durch Acker- und Weinbau geprägt. Jesus lebt in der Gesellschaftsordnung seiner Zeit. Vieles übernimmt er. Manches spitzt er zu und entwickelt es weiter. Manchem widerspricht er und setzt es außer Kraft. Jesu Reden und Handeln ist auf seine Zeit bezogen und ohne diese nicht zu verstehen.

Die spannende Frage der Auslegung, die sich daraus ergibt, ist: Was ist das Evangelium und was ist die kulturgeprägte Form, in der es weitergegeben wird? Lesslie Newbigin, als Missionswissenschaftler sowohl in der evangelikalen wie auch in der ökumenischen Bewegung anerkannt, bringt es auf den provozierenden Punkt:

>»Die Vorstellung, man könne zu irgendeiner Zeit auf irgendeine Weise ein reines Evangelium herausdestillieren, unverfälscht durch irgendwelche kulturellen Zutaten, ist eine Illusion. Ja, sie ist geradezu ein Verrat am Evangelium, denn das Evangelium handelt vom fleischgewordenen Wort ... Ein kulturfreies Evangelium wird es niemals geben. Und doch stellt das Evangelium, selbst ganz und gar in kulturell geprägten Formen ausgedrückt, alle Kulturen in Frage, einschließlich derjenigen, in der es sich zum ersten Mal darstellte« (Newbigin, Den Griechen eine Torheit, S. 9 f).

## Das Apostelkonzil – oder: Wie das Evangelium in einer nichtjüdischen Kultur Wurzeln schlägt

Weil es ein kulturfreies Evangelium nicht gibt, war es eine gewaltige Herausforderung für die erste Christenheit, kulturelle Grenzen zu überschreiten. Das Christentum hatte innerhalb des Judentums angefangen. Durch die Missionstätigkeit der Christen kamen immer mehr Menschen aus den heidnischen Völkern zum Glauben, ohne daß sie ausdrücklich zum Judentum übergetreten sind. Nun entstand verständlicherweise ein Streit um die Frage: Müssen Heiden, wenn sie Christen werden, auch Juden werden (unter voller Übernahme des jüdischen Gesetzes und der Beschneidung), oder können sie Christen sein, ohne

Juden zu werden? Dahinter steht die Frage: Ist das Jude-sein Jesu konstitutiv für den christlichen Glauben, oder kann christlicher Glaube auch ohne die jüdischen Wurzeln gelebt werden? Daß diese Frage nicht einfach zu beantworten war, liegt auf der Hand. Wer wußte schon im voraus, wie sich ein Christentum, das sich vom Judentum trennt, weiterentwickeln wird? – Daß ein solches Christentum auch Antisemitismus eingeschlossen hat und sich damit gegen die jüdischen Wurzeln gewandt hat, macht die Frage nur noch schwieriger.

Dieser Streit, ob Heiden, die zum christlichen Glauben kommen, auch Juden werden müssen, wurde im sog. Apostelkonzil (ca. 48 n.Chr.) ausgetragen. Und die Frage war so schwierig, daß in Apg 15 und in Gal 2 zwei verschiedene Varianten des Ergebnisses überliefert werden und daß es auch nach dem Apostelkonzil noch heftigen Streit in dieser Frage gab (vgl. z. B. den Galaterbrief – wie eben auch heute mit Synodenbeschlüssen die Diskussionen in den Gemeinden noch nicht beendet sind). Soviel kann festgehalten werden: Grundsätzlich wurde es für möglich gehalten, daß Menschen zum christlichen Glauben kommen, ohne auch Juden zu werden. In Apg 15 sind einige Regeln genannt, an die sich die (Heiden-)Christen aus Achtung gegenüber den judenchristlichen Geschwistern halten sollten. So wurde das jüdische Gesetz nicht als allgemeingültig für die (Heiden-)Christen erklärt, sondern um der Gemeinschaft untereinander und des Zusammenlebens willen sollten die (Heiden-)Christen bestimmte Vorschriften beachten.

## 2. Die kulturelle Prägung des eigenen Glaubens wahrnehmen

Das Apostelkonzil zeigt uns: Wo kulturelle Grenzen überschritten werden, entstehen Konflikte. Auch wenn die Missionarinnen und Missionare größten Wert darauf legen, sich in die jeweilige Kultur einzuleben, sie bleiben geprägt durch ihre Kultur, in der sie aufgewachsen sind und von der sie geprägt sind. Und sie können nicht anders, als das Evangelium zunächst in ihrer eigenen kulturellen Ausprägung weiterzugeben. Auch wenn sie sich noch so sehr auf die fremde Kultur einstellen, in der sie jetzt leben, die Art, wie sie von Jesus reden, ist nach wie vor geprägt durch die eigene Kultur. Und wenn jemand zum christlichen Glauben kommt, bedeutet das: »Dieser Jesus, den er so annimmt, wird der Jesus sein, den der Missionar ihm zeigt. Es wird ein Jesus sein, wie der Missionar ihn sieht. Man muß nur einmal die unterschiedlichen künstlerischen Jesusdarstellungen der vergangenen achtzehn Jahrhunderte betrachten . . . , um zu verstehen, daß Jesus immer mit den Augen einer bestimmten Kultur wahrgenommen wird und auch nur so wahrgenommen werden kann« (Newbigin, Den Griechen eine Torheit, S. 13).

Dabei bleibt die Frage, wie diese Entwicklung weitergeht. Wird nun auch der kulturelle Zusammenhang, in dem die Missionarinnen und Missionare von Jesus reden, übernommen? Oder entwickeln diejenigen, die das Evangelium empfangen, eigene Formen, den Glauben auszudrücken? Lesslie Newbigin beschreibt das so:

»Der Neubekehrte wird beginnen, die Bibel für sich selbst zu lesen. Dabei wird er einen Standpunkt finden, von dem er ganz neu seine eigene Kultur als auch die vom Missionar überlieferte Botschaft betrachten kann. Das wird nicht auf einmal geschehen. . . . In diesem Licht wird der Neubekehrte nicht nur seine bisherige Kultur anders sehen lernen, sondern auch bemerken, daß sich das Jesusbild, das er aus der Sicht seiner eigenen Kultur im Neuen Testament findet, von dem Jesusbild, das ihm der Missionar vermittelte, unterscheidet. Von da an können sich die Dinge unterschiedlich weiterentwickeln. Der Bekehrte kann sich zum Beispiel wieder seiner eigenen Kultur zuwenden, wenn ihm aufgegangen ist, daß vieles von dem, was er zunächst vom Missionar übernommen hat, von dessen Kultur und nicht ausschließlich vom Evangelium geprägt war. Er wird dann in einer Art Trotzreaktion gegen die Kultur, die die seine unter dem Deckmantel des Evangeliums unterwandert hat, das Evangelium in den Begriffen seiner bisherigen Kultur neu zu formulieren suchen. Einiges von dem, was wir heute als ›Theologie der Dritten Welt‹ kennen, hat vorwiegend diese negative Ausrichtung, statt daß sie vor allem darauf ausgerichtet ist, das Evangelium denen zu vermitteln, die noch innerhalb der traditionellen Kultur leben. Es kann aber auch geschehen, daß der Missionar, und mit ihm die Kirche seiner Herkunft, sich des synkretistischen Elementes in seinem eigenen Christentum bewußt wird, und des Umfangs, in dem seine eigene Kultur Form und Inhalt des von ihm gepredigten Evangeliums geprägt hatte, statt die Kultur unter das Gericht dieses Evangeliums zu stellen. Bei einer solchen Entwicklung eröffnen sich große Möglichkeiten zur gegenseitigen Korrektur. Jede Seite, die Christus durch die Brille einer bestimmten Kultur betrachtet, kann der anderen Seite zu erkennen helfen, wie sehr ihre Sicht verschwommen oder entstellt ist. Diese Art gegenseitiger Korrektur gehört zu den Grundzügen der ökumenischen Bewegung, wenn sie sich selbst treu bleiben will« (Newbigin, Den Griechen eine Torheit, S. 13 f).

Wie ein solcher Lernprozeß bei Missionarinnen und Missionaren konkrete Gestalt gewinnen kann, erzählt Jacob A. Loewen in einem engagierten, persönlichen und ehrlichen Beitrag zum Thema »Evangelisation und Kultur« (entstanden als Interpretation der 1974 formulierten Lausanner Verpflichtung, Artikel X). – Zu erörtern, was Christinnen und Christen in der Zwei-Drittel-Welt lernen müssen, ist nicht unsere Aufgabe. – Loewen beschreibt vor allem zwei blinde Flecken christlicher Missionare:

(1) »*Blindheit gegenüber Problemen, die aus der Kultur der Missionare erwachsen*

Nur selten haben sich Missionare ausreichend bewußt gemacht, daß auch sie einer Kultur entstammen, die mit den Zielsetzungen des Evangeliums nicht völlig übereinstimmt ... Nach dem ersten Abendmahlsgottesdienst der Chocó-Gemeinde forderte der Leiter die Christen auf, zu berichten, welche Aufgaben Gott ihnen für die kommende Woche übertragen hatte. Um mit gutem Beispiel voranzugehen, erklärte ich, Gott habe mich angewiesen, jeder christlichen Familie in der Dorfgemeinschaft zu zeigen, wie man eine Familienandacht hält. Doch schon nach dem ersten Besuch in einer Familie machte der Heilige Geist mir klar, daß ich mir hier eine Aufgabe angemaßt hatte, die ein indianischer Christ übernehmen sollte. Ich gestand meinen Fehler ein und fragte:

›Hat Gott jemandem von euch diese Aufgabe übertragen?‹ Einer der Männer antwortete: ›Ja, Gott hat mir gesagt, daß ich es tun soll. Aber als du während des Abendmahlsgottesdienstes erklärtest, er hätte dich gerufen, da dachte ich, daß ich mich verhört haben müsse, denn du kennst die Bibel ja viel besser als ich.‹

Ich entschuldigte mich bei meinem indianischen Bruder, daß ich diesen Auftrag nur vorgetäuscht und ihn dadurch veranlaßt hatte, der Stimme Gottes nicht zu vertrauen. Am nächsten Morgen fiel es mir wie Schuppen von den Augen, als ich die Indianer für mich beten hörte: ›Herr, der Missionar hört nicht oft auf deinen Geist, aber die gestrige Erfahrung hat gezeigt, daß er es kann, wenn er es versucht. Deshalb bitten wir dich, daß du ihm hilfst, mehr auf dich zu hören.‹

Ich muß gestehen, daß ich seit jenem Erlebnis nicht mehr einfach sagen kann, Gott habe mir diesen oder jenen Auftrag gegeben. Ich bin mir darüber klar geworden, daß die geistlose westliche Kultur bei mir ein akutes Hörversagen für die Stimme des Heiligen Geistes verursacht hatte.«

(2) »*Blindheit gegenüber synkretistischen Zügen im Christentum* Über gewisse Praktiken unabhängiger afrikanischer Kirchen haben sich Missionare oft entsetzt. Sie riefen entrüstet: ›Das ist ja christliches Heidentum!‹ Aber dieselben Leute haben die Afrikaner veranlaßt, Weihnachtsbäume aufzustellen und in der dritten Dezemberwoche die Geburt Christi zu feiern. Solche Dinge werden vorbehaltlos als christlich angesehen, und kaum jemand denkt daran, daß sie heidnischen germanischen Ur-

sprungs sind und das Fest mit der Wintersonnenwende in Nordeuropa zusammenfällt.

Ähnlich ist es mit Ostern. Wir feiern die Auferstehung Christi an einem Fest, das nach der teutonischen Fruchtbarkeitsgöttin Eostre genannt ist, und die z. B. in England üblichen Sonnenaufgangs-Gottesdienste gehen auf den Sonnenanbetungskult zurück.

Ich gestehe allerdings, daß mich diese Art Synkretismus [Religionsvermischung] nicht beunruhigt. Sie ist relativ harmlos. Hier wird eine alte Form sozusagen ausgeliehen, um ihr einen neuen und christlichen Sinn zu geben. Das kann sogar ein ›gesunder‹ Synkretismus sein. Es gibt jedoch einen gefährlichen, inhaltlichen Synkretismus. Dabei kann die Form christlich wirken, ohne daß der Inhalt es zu sein braucht . . .

Vor einer Gruppe von Lehrern zeigte ich auf eine Tafel, auf der eine vereinfachte Liste der wesentlichen Kulturgüter (nach Wissler) aufgeführt war, und erklärte: ›In jedem Stamm und in jeder Kultur wurde die Lebensweise durch eines oder mehrere der hier angeführten Kulturgüter entscheidend bestimmt. Sie sind der Achse eines Rades vergleichbar, dem Mittelpunkt, um den sich alles dreht. Sie kennen die Missionare nun seit ungefähr 20 Jahren. Was ist nach Ihrer Meinung der Mittelpunkt im Leben eines Missionars?‹

›Geld!‹ antwortete die Gruppe von Lehrern aus einem südamerikanischen Stamm einstimmig und ohne zu zögern.

›Aber ist das Hauptthema der Missionare denn wirklich das Geld?‹

›Nein, gewöhnlich sprechen sie über Gott und den Glauben, aber trotzdem ist das Geld für ihren Lebensstil der wichtigste Faktor‹, erwiderten die südamerikanischen Christen überzeugt.

Die anwesenden Missionare wurden unruhig, und ich bemerkte, daß einige auf ihren Stühlen nach vorne rutschten, als ich fortfuhr:

›Warum sind Sie so sicher, daß das Geld der Mittelpunkt im Leben der Missionare ist?‹

›Weil . . .‹ und dann berichteten die indianischen Christen einer

nach dem andern mit unerwarteter Treffsicherheit von persönlichen Erfahrungen, die zeigten, in welcher Weise das Geld den
letzten Maßstab im materiellen wie im geistlichen Leben der
Missionare bildete ... ›Und heute?‹, fragte ich weiter, ›nachdem Sie alle hier Christen sind, ist da der Geist Gottes der
Mittelpunkt ihres Lebens?‹

›Nein‹, antworteten sie offensichtlich bedrückt, ›unser Mittelpunkt ist ... das Geld‹ ...

Wenn die Bibel erklärt, daß Mammon und Gott sich gegenseitig
ausschließen, ist es dann nicht eine subtile und verheerende Art
von Synkretismus unserer westlichen Christlichkeit, wenn das
Geld anstelle des Heiligen Geistes das Zentrum unseres Lebens
einnimmt? Üben wir dann nicht alle, die wir dem westlichen
Kulturkreis angehören, die Missionare eingeschlossen, unbewußt eine solche Art von Synkretismus aus? Sind wir Missionare
dann ebenfalls ›blinde Blindenführer‹, wie sie Jesus so scharf
verurteilt? (Mt 23,16 ff).

Es ist außerordentlich wichtig, daß wir uns dieser Art von Synkretismus bewußt werden.« Nach einem Vortrag vor Missionaren und afrikanischen Christen »erhob sich einer der leitenden
einheimischen Christen und bekannte: ›Was Sie über die Bekehrung gesagt haben, bewegt mich tief. Ich muß allerdings
gestehen, daß ich in diesem Sinn keine Bekehrung erlebt habe.
Meine innersten afrikanischen Vorstellungen sind unverändert
geblieben, nach außen hin bin ich gleichsam zum Europäer
geworden. Auf den Heiligen Geist zu hören habe ich nicht
gelernt; vielmehr hat man mich gelehrt, sehr genau auf den
Missionar zu hören, der über das Geld verfügt‹« (aus: René
Padilla (Hg.): Zukunftsperspektiven, © R. Brockhaus Verlag,
Wuppertal, 1977, S. 172–177). Was bedeuten diese Beobachtungen nun für die Frage nach der Verwurzelung des Evangeliums in der postmodernen Kultur? Was lernen wir daraus für den
Übergang von moderner zu postmoderner Kultur?

Zunächst ist die Grundrichtung für eine Antwort festzuhalten:
Die Verwurzelung des Evangeliums in unserer postmodernen

Kultur kann nur in der Begegnung mit den Menschen unserer Zeit gelingen. Und sie kann nur in der Praxis, durch Versuch und Irrtum, durch Wagnis und Risiko gelingen. In der Missionswissenschaft ist es keine Frage, daß nicht vorab – schon gar nicht durch Menschen aus der Kultur, aus der das Evangelium weitergegeben wird – geklärt werden kann, wie sich das Evangelium in der neuen Kultur verwurzeln kann. Wir werden das nur dann herausfinden, wenn wir uns darauf einlassen, was Menschen heute bewegt und wie sie über den christlichen Glauben denken, was sie von der Kirche halten etc.

Besonders deutlich spiegelt sich die Auseinandersetzung um kulturelle Ausdrucksformen des Glaubens in der Frage der Musik wider. Wie können gängige Musikstile aufgenommen werden? Wie kann darin das Evangelium ausgedrückt werden? Wie beeinflußt das Evangelium die Kultur? Es ist wohl kein Zufall, daß in manchen Gemeinden so heftig darüber diskutiert wird, welche Lieder gesungen und welche Formen dafür gewählt werden sollen. In den Liedern sind Evangelium und Kultur aufs engste miteinander verbunden. So geht der Streit häufig nicht nur darum, ob Choräle oder sogenannte neuere Lieder gesungen werden oder in welchem Verhältnis eine Mischung daraus angestrebt wird. Ein Streitpunkt ist auch die Frage, ob aus Büchern oder von Folien gesungen wird. Das kann auf den ersten Blick lächerlich wirken. Aber es verbinden sich mit beiden Praktiken Grundeinstellungen, die in der Regel so nicht ausgesprochen werden. Mit dem Singen aus Büchern ist verbunden, daß jede und jeder ein eigenes Buch hat, beim Singen den Kopf senkt, um ins Buch schauen zu können. Das schätzen viele deshalb, weil es für sie die Andacht und das Zur-Ruhe-Kommen fördert. Andere wollen ihrer Freude auch körperlich Ausdruck verleihen. Und dazu sind Gesangbücher oder Liedblätter hinderlich. Sie wollen wenigstens den Kopf heben und mit erhobenem Haupt Gott preisen, manchmal auch klatschen oder die Hände heben. Meines Erachtens liegt in dieser Körperhaltung auch ein unbewußter oder unausgesprochener Widerspruch zu der »Ich-bin-nichts-« und »Ich-kann-nichts-Haltung«, die bei manchen evangelischen Christen prägend geworden ist. Was also zunächst wie ein Streit um Äußeres aussieht, entpuppt sich als ein Streit um Grundüberzeugungen. Und deshalb wird er an vielen Stellen so heftig geführt. Was nun das Richtige ist, kann nicht grundsätzlich beantwortet werden. Bei beiden Gestaltungsformen geht es um Möglichkeiten, den christlichen Glauben auszudrücken. Bei beiden Praktiken legen Christen unterschiedliche inhaltliche Schwerpunkte und wählen daher unterschiedliche Ausdrucksformen. Um der Verwurzelung des Evangeliums in postmoderner Kultur willen müssen das Gespräch und auch der Streit an dieser Stelle gewagt werden.

Das bedeutet vor allem für Christen, die gewohnte und vertraute kulturelle Ausdrucksformen des Glaubens schätzen, eine große Herausforderung. Es wird von ihnen verlangt, ihre gewohnte Glaubenspraxis selbstkritisch zu hinterfragen, bzw. die Fragen zuzulassen, die in der Begegnung entstehen. Ein Evangelisationsrundbrief bringt diese Herausforderung auf den Punkt. Ich wandle das Zitat für unsere Situation ab: »Wie kann ein Christ postmodernen Menschen das Evangelium verkündigen und versuchen, Kirchen zu gründen, wenn er nie versucht hat, herauszufinden, was an seinem Glauben spezifisch traditionell und was spezifisch christlich ist? Noch schlimmer ist es, wenn er überzeugt ist, daß es darauf nicht ankommt« (nach: R. Fung, Monatl. Info-Brief über Evangelisation, April/Mai 86, S. 3, zitiert nach Bertsch, Inkulturation, S. 31).

Inkulturation ist ein Weg, der gewagt werden muß. Und bekanntlich kann man nach zwei Seiten vom Pferd stürzen. Lesslie Newbigin faßt das so zusammen: »Beim Versuch, ›relevant‹ zu sein, kann man in Synkretismus verfallen, und beim Bemühen, den Synkretismus zu vermeiden, kann man bedeutungslos werden« (ders., Den Griechen eine Torheit, S. 12).

Nun kommt hinsichtlich der westeuropäischen Kultur noch ein Problem als besondere Herausforderung hinzu. Unsere westliche, postmoderne Kultur ist dadurch geprägt, daß sie nachchristlich ist und somit das Christentum hinter sich gelassen hat. Diese Ablösung vom Christentum verhindert aber eine unbefangene Auseinandersetzung, ja immunisiert geradezu viele Menschen gegen das Christentum. Das ist ähnlich wie bei pubertierenden Kindern, die sich von den Eltern ablösen und oft lange brauchen, um sich mit Überzeugungen und Werten der Eltern wieder konstruktiv auseinanderzusetzen. Aufgabe christlicher Jugendarbeit ist es an dieser Stelle, den Weg der Jugendlichen so zu begleiten, daß sie sich kritisch mit den Eltern und – möglicherweise deren christlichen Überzeugungen – auseinandersetzen können, und daß sie einen eigenen Weg finden. Dazu sind – christliche Eltern vorausgesetzt – manchmal viele Gespräche nötig, in denen besprochen werden kann, warum die Art, wie die Eltern den Glauben leben, nicht die einzige ist. Es sind Gespräche nötig, in denen Auflehnung gegen die Eltern ausgesprochen werden kann, und die helfen, einen *eigenen* Zugang zum christlichen Glauben zu finden. Das entlastet und ist letztlich konstruktiv für die Beziehung zu den Eltern. Das alles gilt so ähnlich auch für das Glaubenszeugnis gegenüber postmodernen Zeitgenossen. Widerstände gegen Überkommenes sind psychologisch nur zu verständlich in einer Zeit, in der die Ablösung vom Christentum nicht nur heimlich, sondern öffentlich vollzogen wird. Bei Jugendlichen ist teilweise schon wieder ein anderer Trend erkennbar. Manche haben den christlichen Glauben in ihrer Biographie überhaupt noch nicht kennengelernt. So müssen sie sich auch nicht dagegen abgrenzen.

Die große Frage ist: Wie können Menschen auf den Glauben hin so angesprochen werden, daß klar wird, was diese Botschaft für unser Leben heute bedeutet? Es geht darum, zu zeigen, daß christlicher Glaube nicht primär Tradition ist, sondern aktuelle Herausforderung und Lebenshilfe. Es geht auch darum, Orte zu haben, wo Menschen ihre Schwierigkeiten mit der Tradition aussprechen können und sich ernst genommen wissen, so wie christliche Jugendgruppen solche Orte sein können, in denen die Fragen der Ablösung von der Tradition der Eltern besprochen und eigene Wege zum Glauben gesucht werden können. Auch an anderen Stellen können wir bei Jugendlichen lernen, z. B. wenn sie sagen, was viele Erwachsene denken, aber nicht umsetzen. In Essen versuchen junge Menschen, mit der Kirche ins Gespräch zu kommen, indem sie folgende Sprüche auf Karten gedruckt haben: »Wir hören nicht zu, weil ihr nichts zu sagen habt.« – »Wir sind chaotisch, weil ihr angepaßt seid.« – »Wir konsumieren ohne Ende, weil ihr bis zum Ende konsumiert.« – »Wir pfeifen auf die Kirche, weil euch Jesus flöten gegangen ist.« (in: unterwegs 1/98, S. 3) Das kann als Angriff verstanden werden oder als Ehrlichkeit, bei der die Kirche noch nicht aufgegeben ist. Wenn Verantwortliche der Kirche solche Ehrlichkeit als Wert entdecken könnten, würden sie die Jugendlichen und ihre Wahrnehmung ernstnehmen und so das Gespräch zwischen den Generationen fördern.

## 3. Postevangelikale und postliberale Christen

Die Suche nach postmodernen Ausdrucksformen des Glaubens fordert uns nicht nur zur intensiven Begegnung mit Menschen, Einstellungen und Werten unserer Zeit heraus, sondern auch zu verändertem Umgang innerhalb der Christenheit mit den verschiedenen Strömungen und Lagern. Denn auch diese Strömungen und Lager in der Christenheit sind teilweise »kulturell« geprägt.

In der Begegnung über die eigenen Grenzen hinaus könnten wir entdecken: Wir selber sind nicht nur durch das Evangelium geprägt, sondern auch durch die Umgebung, die Familie, die Gruppe, die Kultur. Und: Menschen aus anderen christlichen Strömungen und Lagern sind nicht nur durch Überzeugungen geprägt, die wir ablehnen, sondern auch durch das Evangelium. So haben der konziliare Prozeß und die Bemühungen um Frieden, Gerechtigkeit und Bewahrung der Schöpfung genauso biblische Wurzeln wie die Betonung persönlicher Glaubenspraxis im Beten und Bibellesen. Und beides hat seine Grenzen. Der konziliare Prozeß ist *auch* durch einen gesellschaftlichen Trend und damit durch die Kultur geprägt. Das ist an sich noch nicht negativ. Die Gefahr ist freilich, nach biblischen Wurzeln und persönlichem Glauben gar nicht mehr zu fragen. Die persönliche Praxis von Beten und Bibellesen ist – wenn damit eine Abwertung des gesellschaftlichen Engagements verbunden ist – genauso durch einen Trend geprägt, nämlich den der Individualisierung. Mir geht es nun nicht darum, diese Fragen im Detail zu klären. Mit geht es vielmehr um die Sensibilität für eine Mischung aus Kultur und Evangelium in der eigenen Glaubenspraxis.

An manchen Stellen ist zum Glück erkennbar, daß allzu gewohnte Grenzen und Abgrenzungen zwischen christlichen Strömungen und Lagern ansatzweise überwunden werden. Das bedeutet ja nicht, daß nicht mehr um richtig und falsch gerungen werden sollte. Aber die Chancen, miteinander zu lernen, könnten in der Regel intensiver genutzt werden.

Eine sehr interessante, anstößige und mutige Auseinandersetzung mit der Frage nach den eigenen Grenzen habe ich hinsichtlich der evangelikalen Szene in einem englischen Buch entdeckt. Der Titel lautet: The Post-Evangelical (von Dave Tomlinson). Wohl wissend, daß die evangelikale Bewegung in England etwas anders aussieht als in Deutschland, halte ich Titel und Inhalt des Buches für eine besondere Herausforderung. Es geht von folgender These aus: Die Evangelikalen sind in Auseinandersetzung mit der Moderne, mit der durch die Aufklärung geprägten Kultur und durch ihre Abwehr entstanden (mit der Leitfrage: Was ist wahr?). Wenn die Zeiten sich nun ändern und unsere Kultur durch die Postmoderne (neben der Moderne) geprägt ist, passen die Antworten, die evangelikale Christen versucht haben, nicht mehr. Sie müssen weiterentwickelt werden (vgl. Kapitel III. »Berühren, was Menschen bewegt«). Für Tomlinson heißt »post-evangelical« sein, viele Überzeugungen der Evangelikalen zu teilen, gleichzeitig aber deren Begrenzungen zu überwinden (S. 7). Sein Anliegen ist einerseits, Menschen zu ermutigen, über die »Lager«-Grenzen hinaus zu wachsen. Zwei Aussprüche zeigen das. Da sagt jemand: »Ich weiß nicht, wo ich hingehen soll. Ich merke, ich kann mich nicht länger als evangelikal bezeichnen. Aber ich möchte ganz gewiß auch nicht liberal werden. Was bin ich?« Oder: »Evangelikal sein half mir, im Glauben anzufangen. Aber ich merke, daß ich nun herausgewachsen bin« (S. 3).

Tomlinsons Anliegen ist es andererseits, Menschen zu ermutigen, die Grenzen christlicher »Lager« zu überwinden, eigene Überheblichkeit zuzugeben und von anderen zu lernen. Wodurch das behindert wird, kommt in folgendem Auszug m.E. gut zum Ausdruck: »Lassen Sie mich eine Geschichte vom ›Spring-Harvest-Redner und dem liberalen Bischof‹ erzählen (Spring-Harvest ist in England eine große Bewegung, in Deutschland werden seit kurzer Zeit auch entsprechende Spring-Veranstaltungen durchgeführt, bei denen mehrere tausend Menschen in einem Freizeitpark eine Woche Urlaub machen und verschiedene christliche Veranstaltungen besuchen können; R.K.)

Jesus erzählte auf einer Versammlung evangelikaler Verantwortlicher ein Gleichnis. ›Ein Spring-Harvest-Redner und ein liberaler Bischof setzten sich und lasen, jeder für sich, die Bibel. Der Spring-Harvest-Redner dankte Gott für das herrliche Geschenk der Heiligen Schrift und gelobte einmal mehr, sie vertrauensvoll öffentlich zu verkündigen. ›Danke, Gott‹, betete er, ›daß ich nicht bin wie dieser arme Bischof, der dein Wort nicht glaubt, und der unfähig scheint, sich zu entscheiden, ob Christus nun von den Toten auferstanden ist oder nicht.‹ Der Bischof schaute verlegen, als er die Bibel durchblätterte, und sagte, ›Jungfrauengeburt, Wasser zu Wein, leibliche Auferstehung. Ich weiß ehrlich nicht, ob ich diese Dinge glauben kann, Herr. Ich bin mir nicht einmal sicher, daß ich glaube, daß du ein personales Wesen bist, aber ich werde weiter auf der Suche bleiben.‹ Ich sage euch, dieser liberale Bischof ging vor Gott gerechtfertigt nach Hause, nicht jener« (Tomlinson, The Post-Evangelical, S. 61 f).

Tomlinson betont, daß es ihm nicht um billigen Spott über Evangelikale gehe – er selber zählt sich ja zu dieser Richtung –, und er sagt, daß auf einer Versammlung liberaler Kirchgänger das Gleichnis genau anders herum erzählt werden müßte.

Die Herausforderung besteht darin, die eigenen Grenzen zu entdecken, sich selber und andern gegenüber ehrlich zu werden, in der Begegnung mit Menschen anderer Überzeugungen zu lernen, den Schritt aufeinander zu zu wagen, freilich auch ehrlich die eigene Überzeugung einzubringen. Ehrliche Begegnung kann gelingen, wenn Grundüberzeugungen nicht außen vor bleiben. Fundamentalistische Äußerungen, ganz gleich aus welcher Richtung, sind dafür verständlicherweise kontraproduktiv.

Gespräche, in denen Menschen Aufrichtigkeit riskieren und sich gegenseitig Vertrauensvorschuß geben, müssen ja nicht gerade auf Synoden oder in Gremien beginnen, wo der Entscheidungsdruck groß ist. Wenn sie an anderen Stellen gewagt werden, können sie sich aber auf Synoden und Gremien auswirken.

Der Mut zur Aufrichtigkeit kann auch außerhalb von Gesprächssituationen gefördert werden. Ein Beitrag dazu sind ehrliches Gebet und eine realistische Betrachtung der Menschen, von denen die Bibel erzählt. Damit ist der Faden aus Kapitel II. »Glaube braucht konkrete Schritte« wieder aufgenommen. Und nachdem bisher in diesem Buch viel von der Außenseite des Glaubens und von Ausdrucksformen die Rede war, möchte ich im folgenden Kapitel die Innenseite noch einmal vertiefen und entfalten, wie uns die Psalmen helfen könnten, auszusprechen, was in uns ist, und so Aufrichtigkeit wachsen zu lassen.

# VI. Aussprechen, was in uns ist – Psalmen neu entdecken

»Du stellst meine Füße auf weiten Raum« (Ps 31,9). Das gilt auch dann, wenn der Boden unter den Füßen unsicher geworden ist. »Weiter Raum« ist da verheißen, nicht »sicherer Boden«. Weiter Raum ist vorhanden, in dem alles herauskommen kann, was in uns ist; unsere Unsicherheiten genauso wie unsere Wünsche; unsere Ängste genauso wie unsere Sehnsüchte; unsere Freude genauso wie unsere Trauer; unser Versagen genauso wie unsere Fähigkeiten.

Das Gebet stellt einen solchen »weiten Raum« dar, in dem wir aussprechen können, was uns bewegt, was uns umtreibt und nicht in Ruhe läßt, was uns ermutigt und Gewißheit gibt. Das Gebet ist ein »weiter Raum«, in dem nichts ausgeschlossen wird, was zu uns gehört und in uns ist. So kann das Gebet ein Ort sein, an dem wir unsere Unsicherheiten zulassen und an dem wir uns über unsere Gewißheiten freuen können.

Erstaunlicherweise helfen ganz alte Texte dazu besonders gut. Die alttestamentliche Lieder- und Gebetssammlung der Psalmen ist erstaunlich aktuell und trifft die Gefühlslage vieler Menschen. Psalmen ermutigen uns auszusprechen, was in uns ist. Sie helfen uns zu einem ehrlichen Gebet, wo uns selber die Sprache fehlt, wo wir selber vielleicht noch gar nicht so ganz genau wissen, was in uns ist. Psalmen helfen uns, die Aufrichtigkeit uns selbst gegenüber, Gott gegenüber und anderen gegenüber wachsen zu lassen. Und indem sie Aufrichtigkeit wachsen lassen, richten sie uns auf.

Eine Erfahrung mit Jugendlichen und Jungen Erwachsenen hat mir das besonders deutlich gemacht. »Einsamkeit« war als Thema für den Gruppenabend bei einer telefonischen Anfrage entstanden. Die Idee war schnell notiert und nicht gerade originell. Aber sie hat die Menschen da angesprochen, wo tiefe Empfindungen unausgesprochen waren. So kam es an jenem Abend zu einem intensiven Gespräch. Als erstes redeten wir über Erfahrungen mit Einsamkeit. Die Jugendlichen und Jungen Erwachsenen schrieben einzelne Stichworte zum Thema auf Zettel und erzählten dann von eigenen Erfahrungen, Empfindungen und Beobachtungen. Anschließend lasen wir gemeinsam Psalm 25 in einer freien Übertragung, die ursprünglich in einem Jugendgottesdienst entstanden war. Uns leitete die Frage: Wie hilft uns diese Psalmübertragung, mit Einsamkeit umzugehen? Damit auch andere dieser Frage nachgehen können, drucke ich diesen Psalm hier ab (aus: Laß dir diesen Psalm gefallen, von Dieter Koller, Claudius Verlag, München, 1986, S. 29–30).

### Nach Psalm 25
### Lied der Bedürftigkeit

Wieder bin ich eine Tagesreise weit gewandert.
*Nach dir, Herr, verlangt mich!*
Der Weg zu dir ist lang und steil
und geht durch Feindesland.
Werde ich durchkommen?
Ich bin schon einen langen Weg mit dir gegangen
und immer noch verlangt mich nach dir,
als wärest du weit weg.
Je länger, desto mehr verlangt mich nach dir.
Früher unbewußt, jetzt immer bewußter
verlangt mich nach dir.
Von dir weht mir Freiheit entgegen,
von dir leuchtet mir Klarheit entgegen,
bei dir ist die Quelle meiner Reinigung.
*Nach dir, Herr, verlangt mich!*
Meine Feinde treten mir in den Weg.
Sachzwänge halten mich fest,

meine Verführbarkeit lenkt mich ab.

Meine Kritiker verwirren mich.

Laß mich den Folgen meiner Fehler entfliehen.

Laß mich meine falsche Prägung verlieren.

Laß mich die Weichenstellung meiner Jugendzeit korrigieren.

Zeige mir neue Wege.

Entfalte meine verschütteten Möglichkeiten.

Denn du bist reich an Phantasie und Liebe und Geduld
und Güte und Barmherzigkeit und Treue.

*Nach dir, Herr, verlangt mich!*

Ich bin einsam.

Die Angst meines Herzens ist groß.

Führe mich aus meinen Nöten.

Laß mich nicht scheitern.

Zeige mir, wie es weitergehen soll mit mir,
mit der Kirche, mit der Welt.

Sage mir, was meine kleine Rolle ist
im großen Zeitgeschehen.

Reiße meine Füße aus dem Fangnetz der Sinnlosigkeit,
in das ich mich verstrickt habe.

*Nach dir, Herr, verlangt mich!*

Ich denke, so wie mir geht es vielen.

Viele Versprengte sind unterwegs.

Von allen Seiten suchen sie den Weg.

Auf dem Boden deines Reiches werden wir uns finden.

Brannte nicht unser Herz,
als der Fremde mit uns redete auf dem Weg?

Keiner wird zuschanden, der ihn zum Freund hat.

Zuschanden werden die leichtfertigen Verächter.

*Nach dir, Herr, verlangt mich!*

Im Gruppengespräch entdeckten wir in dem Psalm mehrere Hilfen zum Umgang mit Einsamkeit:
*(1) Der Psalm ermutigt uns, unsere Sehnsucht nach Gemeinschaft mit Gott und anderen Menschen auszudrücken und unsere Wünsche zu benennen.* Der Psalm ermutigt uns zu sagen,

was wir gerne hätten – und den Schmerz auszuhalten, wenn wir nicht bekommen, was wir uns wünschen. Der Psalm ermutigt uns, Wünsche nicht schon deshalb zu verdrängen oder nicht auszusprechen, weil sie enttäuscht werden könnten und wir die damit verbundenen Schmerzen dann aushalten müßten. Der Psalm ermutigt uns, auch diese Schmerzen Gott zu klagen. »Ich bin einsam. Die Angst meines Herzens ist groß.« Solche Sätze machen Mut, die Not Gott zu klagen und herauszuschreien, was in uns ist.

(2) *Der Psalm ermutigt uns, Feinde als Feinde zu benennen und Fallen als Fallen zu bezeichnen.* Das Böse, das Bedrängende, das Bedrückende wird nicht schöngeredet. Was als böse empfunden wird, wird auch so benannt. Und sogar Menschen, die als böse empfunden werden, werden so benannt. Feinde bleiben Feinde. Der Psalm ermutigt, den Dingen in die Augen zu schauen, wie sie sind. Das kann dazu helfen, selber besser damit umgehen zu können. Und der Psalm ermutigt, Gottes Hilfe zu erwarten.

(3) *Der Psalm ermutigt, konkrete Schritte zu suchen und anzupacken.* Und er erwartet dabei Gottes Hilfe. In den Psalmworten steckt die Entdeckung, daß wir selber Schritte gehen können und gleichzeitig vieles nicht in der Hand haben, sondern auf Gottes Hilfe angewiesen sind. »Sage mir, was meine kleine Rolle ist im großen Zeitgeschehen.«

(4) *Der Psalm ermutigt, Hilfe von anderen in Anspruch zu nehmen, die auch unterwegs sind.* Der Psalm fordert dazu heraus, die Gemeinde als christliche Weggemeinschaft neu zu entdecken; nicht als Gemeinschaft einiger Vollkommener, die wissen, wie es geht, sondern als Gemeinschaft derer, die gemeinsam auf den Gott vertrauen, der ihnen in Jesus Christus vorangeht, dem sie nachfolgen, von dessen barmherziger und liebender Zuwendung sie gemeinsam leben.

Diese wenigen Hinweise können Ermutigung sein, sich auf die eigene Entdeckungsreise zu machen. Übertragungen und Auslegungen von Psalmworten helfen wie Reiseführer, genauer hinzuschauen. Vielleicht ist es hilfreich, eine Weile bei einem Psalm zu bleiben, sich einen Monat oder ein viertel Jahr Zeit zu lassen, gelegentlich einzelne Psalmworte herauszunehmen und mit dem Herzen zu bedenken. So entfalten Psalmworte ihre Kraft, ermutigen zur ehrlichen Klage, leiten zur flehentlichen Bitte an, helfen zum Loben, wenn die eigenen Worte fehlen.

Ich empfinde es als große Chance und als Geschenk für unsere Zeit des Umbruchs und der Unsicherheiten, daß die Psalmen in ganz verschiedenen Bereichen neu entdeckt werden und zur Geltung kommen. Ich möchte nur auf zwei Möglichkeiten hinweisen:

Ingo Baldermann, Religionspädagoge in Siegen, beschreibt, wie er die Psalmen für den *Religionsunterricht* entdeckt hat. Er war für einen seelsorgerlichen Unterricht auf der Suche nach Bibelworten, die die Kinder unmittelbar erreichen können, so daß sie die Worte selber entdecken und dabei für das Leben lernen können. »Dabei stieß ich auf Worte der Psalmen, die mich in kritischen Augenblicken ansprachen, und zwar nicht nur so, daß ich ihnen eine theologische Einsicht entnehmen konnte, die ich dann auf mich selbst anzuwenden hatte, sondern sie sprachen ganz direkt und unmittelbar zu mir, und zwar mit einer solchen Kraft, daß sie tatsächlich etwas veränderten. ›Meine Zeit steht in deinen Händen‹ (Ps 31,16), war ein solches Wort, das mitten in der Angst wieder Luft zum Atmen gab, oder: ›Ich werde nicht sterben, sondern leben‹ (Ps 118,17), oder auch dies: ›Den Abend lang währt das Weinen, aber des Morgens ist Freude!‹ (Ps 30,6). Das waren Worte, die die Kraft hatten, die Dämonen zu vertreiben, die sich mir nachts auf die Brust setzten. In der Zeit, in der uns die Angst ganz nah auf den Leib rückte, es könne von einem Tag auf den anderen durch eine nukleare Katastrophe mit der Bewohnbarkeit der Erde vorbei sein, habe ich mich an diesem Wort buchstäblich festgehalten: ›Ich glaube aber doch, daß ich noch schauen werde die Güte des Herrn im Lande der Lebendigen.‹ (Ps 27,13)«

(Baldermann, Psalmen, in: Möller, Geschichte der Seelsorge, S. 24).

Diese Unmittelbarkeit haben die Psalmen auch bei den Kindern. In der 7. Klasse hat einer meiner Freunde Psalm 23 in eigenen Worten schreiben lassen. »Er erquicket meine Seele« übertrug eine Schülerin für sich mit den Worten: »Du stärkst mir mein Selbstbewußtsein.«

Ingo Baldermann ist der Frage nach der Bedeutung der Psalmen für den Religionsunterricht ausführlich nachgegangen. Die Ergebnisse seiner Beobachtungen und Überlegungen schlagen sich in den Titeln seiner Bücher nieder. »Wer hört mein Weinen? Kinder entdecken sich selbst in den Psalmen« heißt das eine Buch, »Ich werde nicht sterben, sondern leben. Psalmen als Gebrauchstexte« das andere.

Ein weiterer wichtiger Bereich, in dem die Psalmen neu entdeckt werden, ist die *Seelsorge*. Wie Psalmworte in seelsorgerliche Gespräche eingebracht werden können, erörtert Peter Bukowski, Rektor des reformierten Predigerseminars in Wuppertal-Elberfeld, in seinem Buch »Die Bibel ins Gespräch bringen«. Peter Bukowski spricht von den Psalmen als »biblischer Sprachhilfe«, weil sie Sprache auch dann geben, wenn uns selber die Worte fehlen. Er konkretisiert das durch die Themenbereiche »Wut« und »Müdigkeit«. Insbesondere aus den Rachepsalmen leitet er drei seelsorgerliche Impulse für den Umgang mit Wut ab (S. 74–76).

(1) »Hier werden die negativen Gefühle Ärger, Zorn und Wut zugelassen und zum Ausdruck gebracht. Es geschieht also nicht das, was die meisten unserer Gemeindemitglieder aus ihren Herkunftsfamilien mitbringen, daß solche Gefühle frühzeitig unter Kontrolle gestellt, abgewehrt und blockiert werden. Gerade die christliche Rede von Vergebung hat hier zum Teil verheerend gewirkt, weil sie einsetzte, bevor aufkommender Ärger auch nur angemessen gespürt, geschweige denn ausgesprochen und ausgetragen werden konnte. Aber unterdrückter Ärger und niedergehaltene Wut sind eben nicht weg. Sie bleiben,

sie schwelen weiter ... Die heilsame Botschaft der Rachepsalmen lautet: Ärger und Wut dürfen gespürt und ›herausgelassen‹ werden ...«

(2) »Eine besonders verbreitete Weise, sich in seinem Ärger zu blockieren, läßt sich in dem Satz bündeln: ›Man muß immer beide Seiten sehen.‹ Als abstrakte und an einen Außenbeobachter gerichtete Forderung ist er nicht falsch. Aber im Konflikt wirkt er verhängnisvoll, wenn er verhindert, eine eigene Sichtweise einzunehmen und zu dem eigenen Standpunkt zu stehen. ... Die Psalmbeter ... gestehen sich zu, die Lage ganz einseitig zu sehen, zu bewerten und auszusprechen.«

(3) »Rachepsalmen sind Gebete. Darin liegt für mich ihre stärkste Botschaft: Der Glaube muß nicht dafür herhalten, Ärger, Wut und Aggression schamhaft oder ängstlich zu verdrängen, wir dürfen vielmehr mit unserer Wut, ja sogar mit unseren Vernichtungsphantasien vor Gott treten.«

Die Psalmen helfen uns zu der Entdeckung: »Du stellst unsere Füße auf weiten Raum.« In den Psalmen finden wir Sprache für das, was in uns ist. Solche Sprache hilft uns auszusprechen, wofür uns in postmoderner Zeit nicht selten Worte fehlen. Dazu können prägnante und einprägsame Psalmworte in der Lutherübersetzung genauso helfen wie freie Übertragungen. Entdeckungen eigener Art sind mit der Übung verbunden, Psalmen mit eigenen Worten nachzusprechen und auszudrücken und so eigene Erfahrungen bewußt oder unbewußt hineinzunehmen, wie die Schülerin aus der 7. Klasse, von der ich oben erzählte. Psalmworte leihen uns Sprache für das, was in uns ist.

Und: Sie lassen uns nicht stehen bei dem, was in uns ist. Psalmworte sind Gebetsworte. Sie richten sich an den Gott, bei dem nichts versteckt werden muß und bei dem nichts tabu ist. Vor ihm eröffnen sie einen weiten Raum, in dem wir als postmoderne Menschen mit unseren Unsicherheiten und dem manchmal schwankenden Boden viel Platz haben. So können wir zulassen, ausprobieren und aussprechen, was in uns ist, ohne daß wir dabei stehen bleiben müssen. Sie ermutigen uns,

unsere Sehnsüchte und Wünsche zu haben und vor Gott auszusprechen, zuversichtlich zu beten und Gott um Erhörung
anzuflehen (vgl. die verschiedenen Entdeckungen aus der
Übertragung von Psalm 25 zum Thema Einsamkeit). So helfen
die Psalmen zu einer gelebten Spiritualität des Alltags.

# Literaturverzeichnis

Baldermann, Ingo: Ich werde nicht sterben, sondern leben. Psalmen als Gebrauchstexte (Wege des Lernens, Bd. 7), Neukirchen-Vluyn, [2]1994

Baldermann, Ingo: Psalmen, in: Möller, Christian (Hg.): Geschichte der Seelsorge in Einzelporträts. Bd. 1 Von Hiob bis Thomas von Kempen, Göttingen. Zürich, 1994

Baldermann, Ingo: Wer hört mein Weinen? Kinder entdecken sich selbst in den Psalmen (Wege des Lernens, Bd. 4), Neukirchen-Vluyn, [5]1995

Beck, Ulrich: Risikogesellschaft. Auf dem Weg in eine andere Moderne, Frankfurt am Main, [14]1998

Berger, Klaus: Wer war Jesus wirklich?, Stuttgart, 1995

Bertsch, Ludwig SJ: Inkulturation des christlichen Glaubens in der nachchristentümlichen Gesellschaft der westlichen Welt, in: Jahrbuch Mission 1987, S. 20–31

Bethge, Eberhard: Dietrich Bonhoeffer. Eine Biographie, München, 1989 (=[6]1986)

Bonhoeffer, Dietrich: Ethik, München, [11]1985

Bonhoeffer, Dietrich: Unser Weg nach dem Zeugnis der Schrift, in: ders.: Gesammelte Schriften II (hg.v. Eberhard Bethge), München, 1959, S. 320–345

Bonhoeffer, Dietrich: Widerstand und Ergebung, Gütersloh, [13]1985

Bukowski, Peter: Die Bibel ins Gespräch bringen. Erwägungen zu einer Grundfrage der Seelsorge, Neukirchen-Vluyn, [3]1996

Bukowski, Peter: Predigt wahrnehmen. Homiletische Perspektiven, Neukirchen-Vluyn, [3]1995

Burgsmüller, Alfred; Weth, Rudolf (Hg.): Die Barmer Theologische Erklärung. Einführung und Dokumentation, Neukirchen-Vluyn, 1983

Finney, John: Finding Faith Today. How does it happen? Swindon, England, [2]1994

Grözinger, Albrecht: Die Kirche, ist sie noch zu retten? Anstiftungen für das Christentum in postmoderner Gesellschaft, Gütersloh, [2]1998

Heiligenthal, Roman: Der verfälschte Jesus, Darmstadt, 1997

Hempelmann, Heinzpeter: »Wir haben den Horizont weggewischt« (F. Nietzsche). Das Evangelium verkünden unter den Bedingungen der Postmoderne, in: Theologische Beiträge, 30. Jg. 1999, S. 32–49

Hopkins, Bob, Gemeinde pflanzen. Church Planting als missionarisches Konzept (Reihe »Bausteine Gemeindeaufbau«, Bd. 1), Neukirchen-Vluyn, 1996 (engl. Originaltitel: Church planting. Model for Mission in the Church of England, 1988)

Hopkins, Bob/Richard White: Praxisbuch Gemeinde pflanzen. Auf dem Weg zu einem missions- und menschenorientierten Gemeindeaufbau, Neukirchen-Vluyn, 1999

Jüngel, Eberhard: Das Opfer Jesu Christi als sacramentum et exemplum. Was bedeutet das Opfer Christi für den Beitrag der Kirchen zur Lebensbewältigung und Lebensgestaltung?, in: ders.: Wertlose Wahrheit. Zur Identität und Relevanz des christlichen Glaubens. Theologische Erörterungen III. (Beiträge zur Evangelischen Theologie, Bd. 107), München, 1990, S. 261–282

Knieling, Reiner: Predigtpraxis zwischen Credo und Erfahrung. Homiletische Untersuchungen zu Oster-, Passions- und Weihnachtspredigten, Stuttgart, 1999

Koller, Dieter: Laß dir diesen Psalm gefallen. Christen beten mit dem Alten Testament, München, 1986

Krusche, Werner: Schritte und Markierungen. Aufsätze und Vorträge zum Weg der Kirche, Göttingen, 1971

Lips, Hermann von: Der Gedanke des Vorbilds im Neuen Testament, in: Evangelische Theologie, 58. Jg. 1998, S. 295–309

Loewen, Jacob A.: Evangelisation und Kultur, in: Padilla, René (Hg.): Zukunftsperspektiven. Evangelikale nehmen Stellung, Wuppertal, 1977, S. 169–179

Luther, Martin: Deutsche Messe und Ordnung des Gottesdienstes 1526, in: Luther Deutsch (hg. v. Kurt Aland) Bd. 6, S. 86–102

Luther, Martin: Von der Freiheit eines Christenmenschen, 1520, in: Luther Deutsch (hg. v. Kurt Aland) Bd. 2, S. 251–274

Newbigin, Lesslie: »Den Griechen eine Torheit«. Das Evangelium und unsere westliche Kultur, Neukirchen-Vluyn, 1989 (engl. Originaltitel: Foolishness to the Greeks, 1986)

Parzany, Ulrich: Jesus – Der einzige Weg?, Neukirchen-Vluyn, 1991

Theißen, Gerd: Der Schatten des Galiläers. Historische Jesusforschung in erzählender Form, Gütersloh, [13]1993

Thielicke, Helmut: Wie die Welt begann. Der Mensch in der Urgeschichte der Bibel, Stuttgart, [2]1983 (Taschenbuchausgabe)

Tod, Teufel und Titanic. Verschläft die Kirche die religiösen Fragen der Zeit? – Interview mit Andreas Laser, Leiter des Referates für Presse-, Rundfunk- und Öffentlichkeitsarbeit im Evangelischen Kirchenkreis An der Agger, in: Unterwegs, 3/98, S. 26–28

Tomlinson, Dave: The Post-Evangelical, London, [2]1996

Wannenwetsch, Bernd: Die Freiheit der Ehe. Das Zusammenleben von Frau und Mann in der Wahrnehmung evangelischer Ethik (Evangelium und Ethik, Bd. 2), Neukirchen-Vluyn, 1993